KB266661

전략적 세일즈

전략적 세일즈

폴김 지음

성공적인 비즈니스 전략

비즈니스 리더십

고객 가치 실현

지혜

머리말

　성공은 시작하는 사람에게 주어지는 보상이지 망설이는 자에게 나타나는 현상이 아니다. 그 성공은 배움에서 시작된다. 동물의 세계는 배움의 장이 없다. 오직 인간만이 그 배움의 장을 통하여 성장하고 진보하며 성공의 신화를 써 나갈 것이다.

　세일즈! 이제는 변방의 직업도 아니며 무조건 열심히 한다고 되는 분야도 아니다. 전략적으로 사고하며 고객이 원하는 바를 정확히 예측 진단하고 공부하여 그것에 알맞은 서비스를 제공하여야 생존할 수 있게 되는 것이다. 비즈니스에서 판매가 차지하는 위치도 사농공상의 하위 개념에서 자본주의 시대에 걸맞은 위치로 새롭게 자리매김해야 한다. 어떤 기업이든 상품을 팔지 못하면 그 기업은 존재 이유가 없는 것이다. 상품이 팔려야 이익도 나고 기업이 운영되기 때문이다. 특히 아마존과 같이 소비자와 접점에 있는 빅테크 기업들의 판매의 위치는 처음이자 마지막이라고 할 정도로 굉장히 중요한 것이다. 그런 중요한 접점에 있는 세일즈가 홀대받는다면 그 기업의 미래는 불투명하게 될 것이다. 판매가 차지하는 위치가 중요해질수록 기업은 그에 걸맞은 조직 개편과 우수한 인재를 채용하고 그들이 조직에서 핵심 리더로 성장할 수 있게끔 도와주어야 한다. 세일즈의 발전은 좋은 인재를 발굴하고 육성하는 것에서부터 시작되어야 한다. 이러한 기본적인 전략 아래 각 세부적인 지침들을 한데 모아서 기업이 목표하는 방향으로 나아갈 때 생산성이 높아지고 효율성이 증대되는 것이다.

　이제는 세일즈도 무조건 앞만 보고 열심히 뛰는 것만으로는 전략이 부족하다고 할 수 있다. 예를 들어 열심히 하되 그 열심히 하는 행위가 판매하는 사람을 위하여 열심히 하는 것인지, 아니면 고객이 원하는 가치 시현을 위하여 열심히 하는 것인지 구분되어야 한다. 판매하는 사람의 욕심을 채우기 위하여 열심히 한다면 오히려 그것은 고객에게 득이 되는 것이 아니라 독이 될 수 있다. 열심히 하되 고객의 가치 시현이 우선시 되어야 하는 것이다. 판매도 전략적인 행동이 뒤 따를 때 매출이 증대되며 발전할 수 있게 되는 것이다. 전략적으로 행동한다는 것은 책략 혹은 용병술을 잘 활용하여 전쟁에서 승리를 거두도록 한다는 의미이다. 축구 경기에서 감독이 어떤 포메이션을 선택하는가에 따라서 수비 위주의 경기가 될 수 있고, 아니면 공격적인 경기가 될 수 있다. 비즈니스도 세부적인 전략으로 고객을 상대해야 효율성이 증대될 수 있다. 아무런 준비 없이 고객과의 접점이 이루어지면 비능률을 초래하고 좋은 결과를 도출해 낼 수가 없게 되는 것이다. 손자병법에서 적을 알아야 승리한다고 했듯이 고객이 원하는 것을 정확히 파악하고 그에 준하는 가치를 제공할 수 있어야 한다.

바야흐로 AI와 IT 시대라고 하지만 이러한 기업들이 주로 하는 업무는 화성이나 달에 사람을 보내고 그곳에서 관찰하고 연구하는 것이 아니라, 지극히 우리 일상생활과 관련된 상품이나 정보에 관한 것들이다. 로봇이나 Chat GPT의 활용, 핸드폰 안에 모든 정보를 심어 주는 편리함을 고객에게 제공하는 회사들이 시대의 흐름을 주도하고 있는 것이다. 이러한 비즈니스의 추세를 감안할 때 사람들은 더욱더 편리해지기를 원할 것이며, 기업들은 이러한 소비 패턴에 맞는 상품을 개발하고 판매하는데 초점을 둘 것이다. 소비가 더욱 중요해지는 이유이며, 이에 걸맞은 전략과 서비스가 강화되어야 하는 것이다. 특히 보험사와 같은 기업들은 세일즈가 더욱 중요해지기 때문에 이에 상응하는 세부적인 전략이 필요한 것이다.

감사의 말

25년 미국 생활을 마치고 귀국하여 6개월 동안 전략적 세일즈에 관한 책을 집필하였다. 두문불출하며 집안에 있는 동안 매 끼 밥상을 차려 주며 도와준 아내에게 고맙고 사랑한다는 말을 전한다. 녹록지 않은 해외 생활 속에서도 항상 나의 편에서 도와주고 격려해 준 힘이 이 책을 기획하고 저술하는데 많은 힘이 되었다. 출간의 기쁨을 함께 나누고 싶다.

들어가며

세일즈의 직무는 고객의 서비스에 초점을 맞추는 것이다. 세일즈 하는 사람의 목적에 초점이 맞추어지면 고객의 소리를 못 듣거나 고객의 요구에 소홀해질 수 있다. 세일즈에는 Helper의 의미가 담겨 있다. 헬퍼는 말 그대로 도와주는 사람이다. 남을 도와주는 것은 쉬운 일은 아니다. 손님이 필요로 하는 것을 다 도와준다는 것은 어렵고도 힘든 일이다. 그러나 손님이 필요로 하는 것을 묵묵히 수행할 때 손님과 좋은 관계로 발전하며 이에 대한 보답은 또 다른 성과로 나타난다. 손님이 다른 사람을 소개하게 되는 경우가 생기면 이때는 손님과 이미 신뢰관계가 형성된 것이다. 손님의 이러한 긍정 평가는 세일즈 하는 사람에게는 최고의 응원군이 되는 것이다.

손님을 도와주는 과정에서 주의할 사항은 이기적 이타심이 표출되지 않도록 해야 한다. 이기적 이타심이란 남을 도와주되 이기적으로 한다는 뜻이다. 즉 무엇을 바라고 도와준다는 의미이다. 그런 경우에는 비즈니스는 성장을 멈추고 탄력을 상실할 것이다. 이기적 이타심으로 손님을 도와주게 되면 지각 있는 손님은 그 속 뜻을 알아차리고 세일즈 하는 사람과 거리를 두려 할 것이다. 그러므로 손님을 도와주려면 손님이 원하는 것을 조건 없이 도와줄 수 있는 헌신과 인내심이 필요하다. 자식을 위해서 아낌없이 주셨던 어머니의 헌신의 마음을 세일즈에 접목시키는 전략은 세일즈 전략 중 최고의 전략이 될 것이다. 손님 편에서 아낌없이 일하고 도와줄 때 손님과의 관계는 돈독해지며 세일즈의 밑바탕은 차곡차곡 다져지게 되는 것이다.

손님과 이러한 신뢰의 관계를 형성하는 것이 매우 중요한 것이며, 이에 못지않게 중요한 것은 자신이 판매하는 상품에 대해서 전문적인 지식이 있어야 한다. 전문적인 지식이란 간단하게 상품을 설명하는 수준이 아니고, 의사나 변호사 같이 자기 일에 전문성을 갖는 것을 의미한다. 전문직은 자기가 하는 일에 최고의 업무 지식을 갖고 이를 바탕으로 최고의 서비스를 제공하는 사람들이다. 세일즈 하는 사람도 이와 같은 수준의 전문성을 갖추고 손님에게 서비스할 때 전문인으로 성장하며 그에 걸맞은 대우를 받게 되는 것이다. 손님 앞에서 본인이 판매하는 상품도 제대로 설명하지 못한다면, 계약 체결이 안 되는 것은 물론이거니와 그 다음도 기대할 수 없게 된다. 이러한 상황을 방지하려면 끊임없이 연구하고 배워서 그 분야의 최고가 되어야 한다. 최고의 실력으로 손님에게 설명하고 설득할 때 손님은 필요한 상품을 구입하게 될 것이고, 그러한 상품 판매가 완전판매가 되는 것이다.

손님이 필요로 하는 것과 무관하게, 세일즈 하는 본인의 이익이나 실적을 위주로 하여 상담이 이루어지면 거래는 성립되기 어렵고, 설사 판매가 성립되어도 불완전 판매로 이어질 수 있다. 불완전 판매는 민원을 야기하고 계약 해지로 이어질 수 있다. 손님이 필요로 하는 것을 팔게 되면 불완전 판매는 해소될 수 있는 것이다. 요즘은 소비자들이 상품에 대한 지식이 풍부하기 때문에 본인이 파는 상품에 대한 철저한 연구와 학습이 필수적이다. 환자가 의사 보다 더 많이 알면 그 환자는 더 이상 그 의사를 찾지 않게 되듯이, 손님이 판매자 보다 더 많이 알면 그 거래의 체결은 어려운 것이다.

이러한 손님에 대한 서비스 정신이나 전문적인 지식을 갖는 것보다 더 선행되어야 할 것으로는 강한 정신력이다. 세일즈는 일정한 업무가 주어지는 것이 아니고 본인이 직접 손님을 개척해서 실적을 올려야 하는 어려움으로 인하여 계약 실패가 반복되면 쉽게 포기하거나 무너질 수 있다.

권투 경기에서 맷집이 약한 선수 중에 유리 턱 소유자가 있다. 아무리 실력이 출중한 권투 선수라도 경기 도중에 상대방의 펀치를 하나도 맞지 않고 상대방을 제압하는 선수는 없다. 경기를 하다 보면 상대를 가격할 수도 있으나 상대방으로부터도 가격을 당할 수가 있는 것이다. 아무리 많은 펀치를 가격했어도 상대방의 원 펀치에 나가떨어지는 맷집이라면 최고의 선수가 될 수가 없는 것이다.

세일즈에서도 손님으로부터 무수한 거절을 당할 것이다. 이럴 때 필요한 것은 권투 선수의 맷집과 같은 강한 정신력이다. 강한 정신력은 부정적인 감정과 두려움을 극복하게 해주는 역할을 한다. 세일즈를 시작하면 패배주의적인 감상에 빠지는 경우가 있다. 양질의 직업을 갖지 못하여 세일즈를 시작했다는 자책감을 갖게 되면 나는 안 돼라는 감상주의에 사로 잡힐 수 있다. 이러한 감상주의는 세일즈에 부정적인 영향을 끼치며 세일즈 정착의 방해 요인이 된다.

사람 키만큼 뛰는 메뚜기도 일정한 시간 동안 작은 박스 안에 가두어 둔 뒤에 풀어놓으면 본래의 사람 키만큼 점프하는 것이 아니라 작아진 박스 높이만큼만 점프한다는 연구 결과가 있다. 사람도 예외가 아니다. 현실적인 벽에 막히고 주눅이 들다 보면 자기도 모르게 유리천장과 같은 보이지 않는 장벽에 갇혀서 본래 가지고 있는 능력을 잃어버리고 왜소해지게 된다.

한 편의 영화로 1억 달러를 받는 탐 크루즈의 키가 170센티라는 사실을 아는 사람은 많지가 않다. 미국인의 평균 키가 177센티인데, 한국 사람의 평균 키 보다도 작은 탐 크루즈가 최고의 스타의 반열에 오른 것은 자기의 한계에 선을 긋지 않고 강한 정신력으로 키에 대한 핸디캡을 극복했기 때문이다. 사람은 왜소하다고 생각할 때 왜소해지는 것이고 강하다고 생각할 때 강해 지는 것이다.

세일즈와 관련된 중요한 요소 중의 하나는 세일즈에는 지속성이 있어야 한다는 것이다. 성공적인 세일즈는 하루아침에 완성될 수가 없다. 차돌이 아름다운 차돌이 되기까지 수많은 세월을 구르며 깎였듯이 어떤 분야에서든지 무언가 성과를 이룬다는 것은 하루아침에 갑자기 이루어지는 것은 아니다. 비즈니스의 성과물도 오랜 시간을 노력하며 헌신한 결과 얻어지는 것이다. 약물 투입으로 만든 바디 빌더의 근육이나 일시적인 복권 당첨으로 얻어진 행운은 머지않아 사라지게 된다. 본인의 노력에 의하지 않고 운에 의하여 이루어진 일시적인 행운은 오랜 시간의 노력과 수고로 이루어낸 결실이 아니므로 지켜 내지 못하고 소멸되는 것이다. 노력의 결과물이 아닌 복권이나 일시적인 근육은 신기루 같은 것이다. 끊임없는 노력과 인내로 만든 결과물이 소중한 것이며 오래 지켜지는 것이다. 성공한 비즈니스는 오랜 기간에 걸쳐서 완성되는 것이며 그렇게 오랜 시간에 완성된 비즈니스가 오랫동안 지켜지는 것이다.

지속성 다음으로 중요한 것은 시간 관리이다. 벤자민 프랭클린은 시간은 돈이라고 강조하고 있다. 시간을 잃어버리는 것은 돈을 잃어버리는 것과 동일하다고 보았다. 세일즈에 있어서 시간 관리는 그 무엇보다 중요한 것이다. 세일즈의 가장 큰 유혹은 시간이 많다는 것이다. 업무과 직원은 입사하면 일정한 업무가 주어지기 때문에 시간에 대해 크게 의미를 갖지 않을 수도 있다. 그렇지만 세일즈 업무는 회사에서 고객을 나눠 주고 관리하는 시스템이 아니고 본인이 처음부터 손님을 모아야 한다. 아침 회의가 끝나고 밖으로 나가면 막막하고 갈 곳이 없을 수도 있다. 그래서 쉽게 찾을 수 있는 곳이 오락장이나 목욕탕 혹은 도박장이다. 이러한 유혹에 빠지면 세일즈는 망하게 된다. 이러한 유혹을 극복하기 위해서는 철저한 시간표 작성 및 스케줄 관리가 필요하다. 오전에는 주로 사무실에서 전화나 이메일 등으로 서비스하며 오후에 방문할 손님들의 자료를 점검하고 준비해야 한다. 상가 방문은 오전은 삼가는 것이 좋으며 오후 2시부터 5시까지 일정한 지역을 정해 놓고 집중적으로 방문하는 것이 효과적이다. 처음 시작할 때는 시간이 많은 것이 세일즈이지만 손님 접촉이 늘고 손님이 많아지게 되면 오히려 시간에 쫓기는 것이 세일즈이다. 손님이 많아진 이후부터는 유효한 손님을 잘 분별하여 시간을 효율적으로 사용하는 것이 필요하다. 중요한 손님에게 더 많은 시간을 할애해야 한다. 효율적인 시간 관리는 낭비되는 시간을 막기 위하여 필수적인 것이다.

시간 관리와 더불어 중요한 것 중에 하나는 법규에 대한 존중이다. 모든 사람에게 공평성을 주기 위하여 만들어진 것이 룰이다. 룰을 지킨다는 것은 조직을 존중하는 것이고 상대방을 존중해 주는 의미가 있다. 역으로 룰을 위반하는 것은 나의 이익을 위하여 남에게 피해를 주는 것을 의미한다. 룰을 위반하는 이기적인 행동은 조직과 고객에게 피해를 주게 된다. 수당을 더 많이 받기 위하여 손님을 속이거나 부당 거래를 한다면 이는 조직으로부터 퇴출의 원인이 되는 것이며, 손님으로부터도 외면당하게 될 것이다. 공정한 거래는 정해진 규칙을 잘 지키는 것에서부터 시작되는 것이다. 운동선수가 반칙으로 골을 넣으면 인정받지 못할 것이다. 비즈니스 역시 룰을 어기며 거래를 성립시킨다면 그러한 비즈니스는 오래가지 못하게 된다. 룰을 존중하며 신뢰를 쌓아 갈 때 비즈니스가 성장하게 되어 있다.

그 다음으로 중요한 것은 긍정적인 언어 사용이다. 비즈니스는 말을 많이 하는 직업이기 때문에 구설수에 오르기 쉽다. 남을 비난하는 말은 반드시 삼가야 한다. 남을 비난하는 언어는 부메랑이 되어 다시 돌아와 본인 및 조직을 파괴시키는 역할을 한다. 그러므로 부정적인 말을 삼가고 긍정적인 언어를 구사해야, 주변에 사람이 늘고 이것이 비즈니스에서 좋은 방향으로 작동하게 되는 것이다. 생각은 언어를 지배하고 언어는 행동을 지배하게 되어 있다. 좋은 생각을 갖고 있으면 긍정적인 언어를 사용하게 되고 이는 좋은 행동으로 이어질 수 있게 되는 것이다. 그래서 긍정적인 마인드와 긍정적인 언어 구사가 중요한 것이다. 사고에 긍정적인 질서가 잡히면, 언어 역시 긍정적인 질서가 잡히게 되어 있고 이는 질서 있는 행동으로 이어지게 되는 것이다. 앞과 뒤가 틀리고 기존의 했던 말이 시간이 지나면 틀리는 사람들은 생각과 언어에 질서가 잡혀 있지 않기 때문에 나타나는 현상이다. 질서 정연한 논리가 확립되어 있지 않으면, 시간이 흐르면서 본인이 무슨 말을 하는지 모르게 되고 이는 신뢰를 잃게 되는 원인이 된다. 질서 정연하고 긍정적인 사고의 정립은 언어 구사 및 행동에 직접적인 영향을 끼치는 것이다. 이러한 이유로 고객과의 관계에서도 긍정적인 언어 구사가 중요한 것이다. 긍정적인 마인드를 갖기 위해서는 좋은 글을 많이 읽고 신앙을 갖는 것이 좋으며, 좋은 사람들과 관계를 잘 형성함으로써 견고해질 수 있다.

또한 비즈니스에서 필요한 것 중의 하나가 장기적인 플랜을 세우는 것이다. 하루의 업무 시간표도 중요하지만 장기적으로 시간을 관리하는 것이 중요하다. 10년 20년 30년 후에 무엇을 할 것인가 생각해 보고, 그에 준하는 계획표를 세우는 것이 필요하다. 그러한 장기적인 계획이 없으면 마치 바다 위에서 표류하는 선박과 같이 삶은 지루해질 수 있다. 어디로 갈지 모르는 선박은 시간을 무의미하게 허비할 것이고 좌충우돌할 것이다. 갈 곳을 정하지 않고 차를 끌고 나가면 이리저리 방황하다 교통사고를 낼 수가 있듯이 목표가 없는 삶은 성과가 없으며 활기를 잃게 되는 것이다.

마지막으로 중요한 사항은 고객 가치 창조를 위한 리더십 시현이다. 초는 자기를 태워 세상을 밝히고 조용히 사라진다. 리더의 위치는 자기를 희생함으로써 조직을 살리는 사람이다. 이러한 리더십이 비즈니스에서 발휘되고 시현될 때 그 조직은 살아나고 그 혜택은 구성원 모두에게 골고루 돌아가게 된다. 고객에게도 이러한 리더십의 정신이 시현되는 것이 중요하며 그러한 리더십 시현은 비즈니스를 성공적으로 이끄는 긍정적인 요인으로 작용할 것이다. 이순신 장군은 나라를 구하시고 보다 짧은 생을 살다 가셨지만 4백 년이 지난 지금도 우리의 마음속에 살아 계시며 선한 영향력이 발휘되고 있는 것이다. 고객에게 시현되는 리더십은 오랜 시간 비즈니스에 긍정적인 방향으로 작용하며 고객에게 더 높은 가치를 전달하게 될 것이다.

차례

1장 세일즈란 무엇인가

세일즈 왜 어려운가

축구 경기에서 골을 넣는 것은 본인이나 팀이 잘하면 가능할 수 있다. 그렇지만 세일즈는 상대방이 물건을 사줘야 거래가 성립된다. 내가 아무리 잘해도 상대가 물건을 사주지 않으면 의미 없는 상황이 되고 만다. 마치 누군가와 결혼하고 싶다고 해서 일방적으로 결혼이 성립되지 않듯이, 세일즈 역시 최종 결정권이 손님한테 있기 때문에 힘든 것이다. 손님이 원하는 것을 잘 찾아서 그 원하는 것을 채워 줄 때 거래는 성립되며 해결의 실마리가 풀리게 되는 것이다. 해결의 열쇠가 나한테 있는 것이 아니라 상대방 쪽에 있는 게임이기 때문에 세일즈가 어려운 것이다.

상대방을 이해시키고 설득하는 과정은 세일즈의 기본이다. 마켓의 판매원은 물건 값을 계산하는 것이 주요 업무지만 세일즈는 손님을 이해시키고 설득하는 과정을 거쳐야 판매로 이어지게 된다. 손님을 설득하고 만족시켜서 거래를 성립시키는 것은 쉬운 과정이 아니지만 이러한 과정을 잘 극복하고 나면 고객과 신뢰 관계가 형성되어진다. 손님과 신뢰 관계가 형성되기 전까지는 세일즈가 힘들지만 신뢰 관계가 형성되고 나면 어느 분야 보다도 수월한 것이 세일즈의 세계인 것이다.

결정

　세일즈를 할 것인지 말 것인지를 결정하지 못했다면 결정은 빠를수록 좋다. 세일즈를 하기로 결정하였다면 적극적으로 임해야 한다. 하는 것도 아니고 안 하는 것도 아닌 상태는 회사나 본인 모두에게 도움이 되지 않는다. 회사 입장에서는 탈락이 예정된 곳에 투자하는 것은 손실이 예정된 곳에 투자하는 것과 같은 것이고, 개인 입장에서도 쓸데없는 곳에 시간만 낭비하는 것이므로 회사나 개인 모두에게 손해가 된다.

　마치 목욕탕에 가서 탕에 깊숙이 들어가지 못하고 살짝 발만 담그면 목욕하는 효과가 없듯이, 세일즈도 깊게 전력을 다해야 성과를 거둘 수 있다. 살짝 간만 보기 위한 행동은 세일즈에서는 금물이다. 오전에는 세일즈 사무실에 출근하고 오후에는 다른 일을 할 경우는 우선 손님으로부터 인정받을 수가 없다. 전화 연결도 어렵고 요청한 사항도 잘 해결해 주지 않는 사람한테 서비스를 맡길 손님은 없다. 아무리 급해도 양손에 펜을 쥐고 글을 쓰면 두 가지 모두 엉망이 되듯이, 오전에는 야구 선수, 오후에는 축구 선수를 해서 대성하는 선수는 없을 것이다. 세일즈를 파트타임 정도로 생각하고 쉽게 접근하는 것은 전문성 및 시간 부족으로 정착하기 어렵고 성공하기는 더더욱 어려운 것이다.

전략적 접근

미국 옷 매장에 들어가면 처음에는 인사만 할 뿐 도움을 요청할 때까지는 누군가가 옆에 와서 말을 잘 건네지 않는다. 어느 정도 시간이 지나서야 직원이 다가와서 관심 있어하는 옷에 대하여 전체적인 느낌, 사이즈, 색상 같은 것에 대하여 설명한다. 여러 가지 옷을 골라도 물건 구입 강요 없이 친절하게 서비스하기 때문에 손님 입장에서는 부담감이 없고 미안한 생각에 추천하는 옷을 선택하는 경우가 많다.

손님이 매장에 들어와서 어느 정도 시간을 사용한다는 것은 쇼핑하는 옷에 관심이 많다는 뜻이다. 매장 직원은 손님의 동선을 살피며 관심 있어하는 종목과 비슷한 종류의 옷을 준비하고 있다가 손님에게 다가와서 기호에 맞게 설명을 하는 것이다. 손님이 매장에 들어오면 무관심한 것이 아니라, 손님이 관심 있어하는 품목을 자세하게 관찰하고 그에 맞는 전략으로 상담을 준비하고 있었던 것이다. 손님을 존중해 주면서도 부담감 없이 전략적으로 접근하는 세일즈 기법은 유효한 세일즈 방법 중의 하나일 것이다.

자존심의 함정

세일즈에서 자존심을 내세우는 것은 자살 행위나 다름없다. 나를 높이는 순간 상대방은 몹시 불편해할 것이다. 물건을 구입하는 입장에서는 판매하는 사람이 고자세로 일관한다면 구입하는 물건이 아무리 좋아도 구입을 꺼릴 것이다.

영업을 하려면 간 쓸개 다 떼어 놓고 해야 한다는 말이 있다. 간 쓸개를 다 떼어 놓으라는 말은 자존심을 버리고 더욱 낮아지라는 뜻이다. 고위직에 있었던 사람일수록 은퇴하여 새로운 직업을 갖는 경우에 실패하기 쉬운 것은 바로 낮아짐에 대한 연습이 잘 안 되어 있기 때문이다. 명령하는 위치에 있었던 사람이 상황이 바뀌어서 누군가에게 굽실거린다는 것은 쉬운 일이 아니다. 그렇지만 세일즈에서 잔뼈가 굵은 사람은 낮아짐의 원리를 일찍 터득하게 된다. 세일즈를 일찍 배운 사람이 비즈니스에서 성공할 가능성이 높은 것은 이러한 낮아짐의 원리를 잘 알고 처신했기 때문이다.

세일즈는 나 자신을 보는 직업이 아니고 상대방을 보는 직업이다. 자세를 낮추고 상대방이 요구하는 서비스를 잘하는 것에서부터 세일즈는 시작되는 것이다. 낮아짐은 세일즈의 기본이며 필수적인 것이다. 낮아짐에 대한 단련이 되어 있지 않으면 고객과의 상담은 매우 어렵게 된다. 자기를 낮추는 행동을 꾸준히 할 때 겸손함이 몸에 배고 고객으로부터 신뢰를 받게 되는 것이다.

비즈니스는 수학이 아니다

하나 더하기 하나가 둘이 되는 것은 수학적 계산이다. 그러나 비즈니스에는 이러한 셈법이 적용되지 않는다. 비즈니스에서는 하나 더하기 하나가 제로일 수도 있고, 훨씬 많은 숫자가 될 수도 있다. 비즈니스에는 리스크와 베네핏이 함께 있기 때문에 나타나는 현상으로, 수학적인 접근법으로는 해답을 도출해 내기가 어려운 것이다. 수학적으로 접근한다는 것은 하나를 투자하면 반드시 하나가 나와야 한다는 것인데, 비즈니스에는 이러한 원칙이 성립되지 않는 것이다. 성공과 실패가 비즈니스에는 동시에 공존하는 것이므로 수학적인 접근은 해답이 될 수 없다는 것이다.

비즈니스를 수학적으로 접근하는 사람들은 투자한 것을 잃어버릴 수 있다는 두려움에 도전 자체를 포기할 수 있다. 실패를 예상한 투자는 불안과 초조함을 유발할 뿐 도전 정신을 꺾어 버리는 것이다. 이러한 불안을 극복하기 위해서는 두둑한 배짱이 필요하다. 두둑한 배짱과 함께 꾸준한 노력과 끈기가 필요한 것이다. 뚝심 있게 밀어붙이는 사람이 비즈니스에서 성공하는 확률이 높은 것은 바로 이러한 이유와 관련이 있는 것이다. 너무 많은 것을 계산하는 사람은 새로운 비즈니스에 진입하기 어렵게 된다.

유리 턱 vs 강철 턱

권투 경기 중 KO가 일어나는 가장 일반적인 상황이 턱에 직격을 맞는 경우이다. 턱에 충격을 입으면 회복이 잘 되지 않고 특히 턱 뼈의 강도는 선천적인 부문이 많기 때문에 훈련으로 극복이 어려운 면도 있다. 그렇지만 훈련을 게을리하면 더욱 위험에 노출될 수 있다. 마이크 타이슨이 몰락한 이유 중 하나로 게을러진 목 근육 단련과 줄넘기 부족으로 풋워크가 둔화되어서 가져온 것이라는 분석이 있다. 그래서 권투나 격투기에서는 유리 턱의 약점을 극복하고 강철턱으로 만들어야 게임에서 승산이 있게 되는 것이다.

세일즈에서 강철 턱은 강한 정신력으로 비유될 수 있다. 세일즈는 일반적으로 3D 직종으로 분류되는 어려운 직업군이므로 어느 분야보다 강한 정신력이 요구되고 있다. 유리 턱과 같은 연약한 정신으로는 어려운 상황을 돌파하지 못한다. 강한 정신력은 꾸준한 훈련을 통하여 극복할 수 있다. 근육도 운동을 안 하면 순살이 되듯이 정신력 또한 훈련을 게을리하면 유리 턱과 같이 약해지고 조금만 어려운 일을 만나도 쉽게 좌절하고 포기하게 된다. 마음에도 근육이 있다고 하는데 이러한 마음의 근육을 잘 다듬고 훈련함으로써 어려운 상황에 대처할 수 있는 힘을 기르게 되는 것이다.

세일즈 개척

세일즈는 살아남기가 쉽지 않다. 기본적으로 하루에 다섯 명의 손님을 만나고 상담이 이루어져야 세일즈의 틀이 만들어진다. 오전엔 영등포를 방문하고 오후엔 김포를 방문하는 식의 세일즈는 시간의 효율성이 부족한 세일즈 방법이다. 활동하는 지역의 반경을 최대한 좁히고 그 좁혀진 지역의 집중적인 관리가 필요하다. 지역이 넓으면 효율성 있게 시간을 활용할 수가 없기 때문에 활동할 지역을 좁히고 꾸준히 손님을 접촉해야 한다. 기존에 알고 있는 지인은 최대한 배제하고 새로운 곳을 개척해야 한다. 기존의 아는 지인은 정말 어려운 경우가 아니면 접촉을 피해야 한다.

새로운 개척을 하게 되면 힘든 사항 중의 하나는 사람들의 냉담한 반응이다. 이 냉담한 반응에 실망할 필요는 없다. 모르는 곳에 처음 방문했을 때 친절하고 따뜻하게 맞아줄 확률은 거의 없는 것이다. 귀찮아하지 않으면 다행이다. 이러한 상황은 시간차를 두고 고정적으로 방문하면 해소될 수 있다. 시간이 지나면서 서로 얼굴을 익히게 되면 대화가 자연스럽게 이루어진다. 그때부터 세일즈의 문이 열리는 것이다. 지속적인 방문으로 친분이 쌓이면서 필요한 부문에 상담을 시작하게 되면 개척의 발판이 마련되는 것이다.

하루 다섯 명을 기본적으로 상담할 수 있어야 하며 필요한 상품에 대한 니즈를 발견하고 잘 설명함으로써 세일즈 생존의 초석이 마련되는 것이다. 이러한 신규 개척은 일정한 시기 까지는 많은 시간이 필요하지만 확실한 본인만의 지역이 완성되면 세일즈에 자신이 붙고 탄탄한 기반이 형성되는 것이다. 개척으로 세일즈 기반을 형성하는 것은 세일즈의 기본 중의 기본이라 할 것이다.

In-put & Out-put 원리

우리 삶에서 쓰레기는 매일 생성된다. 매일 나오는 쓰레기를 처분하는 것도 쉬운 일은 아니며 쓰레기를 좋아하는 사람도 없을 것이다. 그러나 쓰레기의 실체는 무언가를 먹었기 때문에 나오는 것이다. 역설적으로 쓰레기가 나오고 있다는 것은 우리 삶이 지속되고 있다는 의미이다. 이 쓰레기가 멈추는 순간 삶 자체도 멈추는 날이 되는 것이다. 논리적으로 쓰레기는 계속 나와야 생존이 보장되는 것이다.

경제적인 측면에서도 어떤 결과물이 도출되었다는 것은 무언가를 집어넣었기 때문에 나타난 현상인 것이다. In-put 이 있었으므로 Out-put이 나타난 것이다. 콩 심은 데 콩 나고 팥 심은 데 팥 난다는 속담이 있듯이, 공짜 점심은 없는 것이다. 열심히 먹은 결과물이 쓰레기 이듯, 성공 또한 열심히 일한 노동의 대가물인 것이다. 요행수나 꼼수는 성공으로 향하는 상수가 아니라 하수일 뿐이며, 무언가 결과가 만족스럽지 못할 때에는 In-put이 부족해서 나타 나는 현상일 가능성이 높기 때문에 더 많은 노력과 투자를 해야 하는 것이다.

세일즈는 강함을 준다

세일즈는 사람을 강하게 만드는 요인이 있다. 요즘은 재벌 자녀들도 군에 입대하는 경우가 많아졌는데 군에서의 규칙적이고 반복적인 훈련이 조직을 이끌어 가는데 많은 도움이 되기 때문일 것이다. 군에서의 생활은 고되고 힘들지만 군에서 키운 내공의 힘이 어려움을 만나도 극복할 수 있는 지지기반을 마련해 주고 있는 것이다. 특히 낮은 곳에서 배웠던 경험과 겸손함이 더욱 큰 그릇으로 성장시키는 원동력으로 작용하는 것이다.

세일즈에도 이러한 어려움과 고충이 뒤 따른다. 손님의 어려움을 도와주고 해결해 주는 것은 고되고 힘든 일이다. 그렇지만 이러한 과정을 통하여 사람들과의 관계를 배우고 웬만한 어려움에는 무너지지 않는 강인함을 터득하게 된다. 세일즈를 통하여 한 단계 성숙해지고 세상을 더욱 많이 배우게 되는 것이다.

고정적인 급여를 받다가 퇴직하여 세일즈를 배우는 것은 처음부터 세일즈에 입문하여 시작하는 사람 보다 더 많은 어려움을 느낄 수 있다. 세일즈는 군대와 같은 성격이 있는 곳이어서 일반 직종보다는 업무적인 면에서 더 어려운 부문이 있다. 편한 곳에서 불편한 곳으로 이동하면 심리적으로 더 힘들어지게 되어 있다. 가령 최고급 차량을 타다가 경제적인 사정이 어려워져서 작은 경차를 탄다면 차를 타는 고마움보다는 불편하고 자존심이 상할 것이다. 차가 가지고 있는 본래의 기능인 이동 수단에 초점을 맞추는 것이 아니라 본인의 나빠진 상황을 중시하기 때문에 나타나는 현상인 것이다. 젊은 시절 고생하는 것보다 나이가 들어서 고생하는 것이 더욱 힘들게 느껴지는 이유가 바로 이러한 상황과 비슷한 것이다.

어린 나이에 세일즈를 배우게 되면 어려움을 일찍 경험함으로써 정신적으로 강한 내공이 쌓이고 이는 더 큰 어려움을 만나도 극복하는 요인으로 작용하게 된다. 세일즈는 이와 같이 어려운 곳에서 살아남는 강인함을 길러 주며 많은 사람들과의 관계를 통하여 인생의 폭이 깊어지고 보다 성숙해지는 장점이 있는 것이다.

리스크에 대한 보답

남이 다 닦아 놓은 길을 걸어가는 것은 편하고 쉬운 일이지만 새로움이나 발전은 없다. 길을 다 닦아 놓은 사람이 이미 그 혜택을 가져갔기 때문에 뒤에서 따라가는 사람은 쉽고 편한 대신에 그에 대한 혜택은 크지 않은 것이다. 처음 개척한 사람이 리스크에 대한 보답을 이미 다 받아간 것이다.

세일즈도 처음 시작하여 정상적인 궤도에 올라가기까지는 많은 시간과 어려움을 겪는다. 처음 셋업하기가 매우 힘든 직종이 세일즈인 것이다. 그렇지만 정상적인 궤도에 올라가면 그간 고생한 것에 대한 보답이 돌아온다. 처음 길을 개척하는 것이 힘들고 고단한 것은 분명하지만, 개척한 길이 완성되면 질주의 기회가 주어지고 그간 흘렸던 땀의 대가를 보상받게 되는 것이다. 세일즈는 리스크가 큰 만큼 정착하게 되면 그 보답도 크게 되돌려 받게 되는 것이다.

지리산 물고기

지리산 물고기는 쉬지 않고 물살을 가르며 올라간다. 그 자리에 그냥 있으면 물살에 떠 내려갈 수 있는 위험이 있으므로 늘 바쁘게 움직이고 있다. 그러한 물고기의 삶은 먹을 것이 보장되는 것도 아니고 각종 위험에 노출되어 있다. 하지만 독립성 강한 객체로서 본인의 존재감을 드러내며 유유히 유영하고 있는 것이다. 모든 것을 스스로 해결해야 하는 어려움 속에서도 시간과 공간에 대한 자유함이 있는 삶의 주체가 물고기 자신인 것이다.

그와 대조적으로 어항 속의 금붕어는 생존하기에 알맞은 온도와 먹이가 다 주어진 리스크 없는 삶을 살아간다. 의식주에 대한 두려움이나 각종 위험으로부터 자유로울 수 있으나 자기의 의지가 아닌 주인의 의지에 의해서 삶의 환경이 결정되는 연약함이 그 안에 있는 것이다. 편안함에 익숙해진 현대인의 모습은 어딘지 모르게 지리산 물고기의 삶보다는 어항 속의 금붕어의 삶과 많이 닮아 있는 모습이다. 조금만 힘들어도 쉽게 포기하는 사람들이 많은 세상에서 지리산 물고기는 많은 울림을 주고 있는 것이다.

매운탕을 끓일 때 어항 속의 금붕어가 선택받지 못하는 이유는, 조직은 쉽게 좌절하는 사람보다는 어려움 속에서도 극복하며 살아남는 사람을 원하기 때문이다. 일견 세일즈의 세계가 지리산 물고기가 살고 있는 생태계와 비슷한 면이 있는 것은 안락함 보다는 어려움이 그 안에 더 많이 내포되어 있기 때문일 것이다. 안일함을 떨치고 역경에 도전하며 극복하는 삶이 더 아름다울 수 있는 이유인 것이다.

야생동물과 반려동물

산이나 공원에는 야생동물에게 먹이를 주는 것을 금하는 표지판을 보게 된다. 야생 동물에게 먹이를 주면 야생성 즉 먹이를 스스로 잡아먹는 본능을 잃어버릴 수 있고 전염병이 발생될 수 있으므로 먹이 투여를 금하는 경고문이다. 야생 동물은 스스로 먹이를 구하는 습관과 능력이 있다. 그렇지만 공짜로 사람들이 먹이를 주게 되면 게을러지고 결국에는 사람들이 주는 먹이에 의존하다가 굶어 죽기 때문에 야생 동물에게 먹이를 주는 것을 금지하고 있다고 한다.

반면에 반려동물은 처음부터 주인에 의해 먹여지고 길들여져 있어서 계속해서 돌봄이 필요하다. 이러한 면에서 반려동물이 야생 동물보다는 주인에 대한 의존성 및 순종성이 더 크다고 할 수 있다. 돌고래 쇼를 보면 먹이를 던져 줄 때마다 조련사의 손끝에 따라 연기를 하는 돌고래를 보게 된다. 돌 고래 본연의 야생성도 먹이를 주다 보면 본래 가지고 있는 먹이 잡는 능력이 점차 사라지게 되는 것이다.

최근 미국 정부의 셧다운으로 4200만 명에게 주는 Food Stamps가 지급 중단 위기에 있어서 많은 사람이 어려움을 겪고 있다고 한다. 전체 인구의 약 15%에게 지급되는 연방정부 지원책은 주로 흑인 및 소수계 인종에게 혜택이 주어지고 있다. 정부의 Food Stamps에 의존하여 사는 사람들이 많이 있는 것이다. 문제는 일하지 않고 정부 보조에 의존하는 인구가 늘수록 일하는 사람들은 더 많은 세금을 납부해야 한다는 것이다. 일할 수 있는 능력이 있는 사람들한테까지 정부가 보조금을 지급하면 노동의 신성 가치가 훼손되고 도덕적 해이가 커질 수 있다. 물론 거동이 힘들고 병약한 노약자들에 대한 정부의 보살핌은 필수적이지만, 일할 수 있는 사람들에 대한 보조금은 게으름만 키우고 경쟁력을 상실케 하는 우를

범하는 것이다.

　집안에 화초를 키우기가 힘든 이유 중의 하나가 물을 주는 것에 실패하기 때문이다. 화초를 처음 키우는 초보자들은 화초에 너무 많은 물을 주어서 뿌리가 썩고 죽게 만든다. 적절한 수준의 물이 공급될 때 화초는 썩지 않고 잘 자라게 되는 것이다. 일할 수 있는 능력이 있는 사람들에게 정부가 지원책을 남발하면 화초에 많은 물을 주어서 뿌리를 썩게 만드는 것과 같은 부작용을 가져올 수 있다. 지나친 지원책은 오히려 독이 되고 국가 경쟁력만 약화시키는 것이다.

야생동물과 반려동물 2

요즘은 많은 사람들이 유모차에 반려견을 싣고 산책하는 광경을 목격하게 된다. 반려동물을 키우면 많은 의지가 되고 외로움을 덜어주기 때문에 반려동물을 키우는 인구가 점점 늘고 있다고 한다. 그러한 동물들을 키우며 느끼는 행복감으로 인하여 반려동물이 인생의 반려자 역할을 하고 있는 것으로 풀이된다.

그러나 한편으로는 야생에서 자라야 행복할 수 있는 동물도 있을 수 있다. 자연으로 돌아가서 본인의 의지대로 살려고 하는 욕망이 동물에게도 있을 것이다. 최근 미국에서는 돌고래 쇼를 폐지해야 한다는 여론이 높아져서 예전처럼 돌고래 쇼가 인기가 많지 않다고 한다. 동물 학대에 해당되는 부문이 있기 때문에 포획한 돌고래를 바다로 속히 보내야 한다는 것이다. 자연으로 돌아가야 행복한 동물도 있는 것인데 인간들의 즐거움을 위하여 좁은 곳에 가둬 두고 훈련시키는 것은 인간들의 이기심을 채워 주는 행위로 여겨질 수 있다는 것이다.

반려동물에는 개, 고양이, 토끼, 페럿, 기니피그, 햄스터, 조류, 포유류, 관상용 물고기까지 다양하다. 반려동물을 사랑하는 입장에서 보면 위로를 받을 수 있는 부문이 있지만, 야생에서 자라야 하는 동물들을 집에 까지 데리고 와서 키우는 것은 동물들의 본래의 행복권을 침해하는 행위가 될 수 있다.

어떠한 생명체든 그들 본래의 원천적인 행복이 있는 것임으로 무분별한 사육은 반려의 개념이 될 수가 없는 것이다. 반려라는 것은 반쪽이라는 개념인데, 동물의 입장에서는 반쪽이 아닐 가능성이 높은 것이다. 진정한 반려는 양쪽 모두 행복할 때 성립하는 것이다. 강함 보다는 부드러움을 추구하는 것이 시대적인 흐름이지만 각자가 있어야 할 자리에 잘 배치되는 것도 중요한 덕목일 수 있는 것이다.

야생동물과 세일즈

세일즈는 야생동물에 비유되곤 한다. 처음부터 허허벌판에 던져져서 홀로 서야 하는 야생동물과 같은 습성이 세일즈 안에 있는 것이다. 아직 경쟁력이 부족한 어린 야생 동물들은 강한 동물들의 침입을 받아 쉽게 먹잇감이 될 수 있듯이, 세일즈의 초기의 모습도 정착하기가 녹록지 않은 것이다. 어미와 떨어져 독립체로 성장하기까지는 수많은 난관과 어려움이 도사리고 있을 것이다. 이것을 극복하고 일어섰을 때 진정한 야수의 모습으로 성장하는 것이다. 세일즈도 이러한 과정을 거쳐 정착하게 되면 비로소 진정한 프로의 세계로 입문하게 되는 것이다.

프로 vs 아마추어

프로의 세계는 냉정하다고 한다. 프로는 돈을 벌기 위하여 직업적으로 일하는 사람들이고, 아마추어는 재미 삼아 취미로 하는 사람들이다. 프로는 본인의 존재 가치를 설명으로 하는 것이 아니라 숫자로 증명하는 사람들이다. 프로 야구 선수가 시즌 3할대를 치고 있다면 그 3할이라는 숫자에 그동안 이 선수가 해온 모든 노력과 수고가 그 안에 함축되어 있는 것이다. 프로는 그 3할이라는 숫자를 증명하기 위하여 최선을 다하는 것이다. 반면에 아마추어는 재미 삼아 취미로 하기 때문에 구체적인 성과나 숫자보다는 과정을 설명하려 한다. 유치원 아이들은 장난감 놀이하며 조금만 잘하는 것이 생기면 부모에게 자랑하고 싶어서 왜 잘하는지 설명하려고 한다. 뚜렷한 성과가 없기 때문에 과정에 대하여 설명하려는 습성이 있는 것이다.

세일즈의 세계는 어린아이와 같이 과정을 설명하는 직업이 아니라 계약 체결이라는 마지막 숫자가 중요한 것이다. 마지막 결론만 가지고 평가받는 것이 세일즈이므로 고도의 직업 정신과 스킬이 필요한 것이다. 축구 경기에서 99번의 슈팅보다는 한 번의 슈팅이라도 골로 연결되는 것이 중요하다. 아무리 드리블을 많이 하고 골문을 두드려도 골을 넣지 못하면 게임에서는 패배하는 것이다. 세일즈에서도 계약 체결 없이 매번 설명만 하고 있다면 프로의 모습이 아닌 것이다. 철저히 클로징 기법을 연구하고 공부하여 계약을 체결할 때 진정한 프로가 되는 것이다.

2장 큰 틀 만들기

작은 틀 안에서 벗어나라

자기의 틀 안에 갇히면 세상을 보는 눈이 작아진다. 자신을 일정한 틀에 가두면 도전 정신이 사라지고 소극적으로 변하게 된다. 개인도 기업도 나라도 마찬가지이다. 북한은 자신들이 이 세상 최고의 나라라고 선전하고 있지만 전형적으로 자기 안에 갇힌 모습이다. 세상을 크게 보고 운영해야 하는데 북한은 작위적이고 폐쇄적이다. 북한에는 주식시장이 존재하지 않는다. 외국 자본이 개방되면 김일성 일가의 독재가 무너지기 때문에 시장 개방을 하지 못하였고 그 결과로 외국 자본의 투자가 막히고 주민들은 삶이 가난해졌던 것이다.

대한민국은 1956년 대한 증권거래소의 설립과 함께 자유 경제 체제가 가속화하면서 오늘날 북한과의 경제 규모가 GDP에서 약 60배 이상으로 차이가 벌어졌다. 2023년 기준으로 한국의 GDP는 2,593조 8천억 원인 것에 반하여 북한은 40조 9천억 원 규모로 초라하다. 숫자가 말해 주듯이 형편없는 국가 상황임에도 미사일 같은 폭력으로 주민들을 공포 속으로 몰아넣으며 체제 선전에 열을 올리고 있는 것이다. 폐쇄적이고 독선적인 선택으로 스스로를 자기 틀이라는 작은 공간에 가두어 둔 성적표가 오늘의 북한인 것이다.

북한이 자신들을 일정한 틀 안에 가두고 왜소해졌듯이, 기업이나 조직 속에서도 많은 사람들이 자신의 한계를 미리 설정하려는 습성이 있다. 이 습성은 본인의 성장을 방해할 뿐만 아니라 새로운 일에 대한 의지마저 꺾어 버릴 수 있다. 세일즈를 시작할 때도 위험한 논리 중의 하나는 의기소침해져서 긍정적인 방향보다는 부정적인 방향으로 자신을 몰고 가려는 것이다. 이러한 위축되고 부정적인 태도는 세일즈의 벽을 넘지 못하고 좌절하게 되는 요인으로 작용한다. 시도해 보지도 않고 일정한 틀에 본인의 역량을 가두려고 하는 것은 비즈니스를 시작하려는 사람에게는 치명적인 독이 될 수 있는 것이다.

작은 틀 안에서 벗어 나라 2

대한민국의 경제가 북한 보다는 절대적인 우위에 있지만 세계 최고의 미국과 비교하면 아직도 성장해야 할 부문이 많이 있다. 2023년 기준 미국 GDP는 약 29조 1,678억 달러로 1조 8700억 달러 규모인 한국 보다 17배 이상 많다. 세계 경제의 27%를 미국이 차지하고 있고 한국은 1.7% 수준이다. 주식시장의 규모는 2024년 미국은 전 세계 시가총액의 약 50%에 해당하는 52.6조 달러이며 상장된 기업수가 4,044개이다. 반면 한국 주식시장 규모는 2024년 기준 시가총액 1.68조 달러로 세계 경제의 약 2%를 차지하고 있으며 총 상장기업수는 2,629개이다. 시가총액 규모면에서 미국과 한국의 주식 시장 규모는 약 30배 이상 차이가 나고 있으며, 2025년 기준으로 엔비디아 한 개의 회사 시총이 4.3조 달러로 대한민국 전체 시가 총액 보다 2배 이상 높게 나타나고 있다. 또한 세계 30대 기업들을 비교해 보면 세계 30대 기업 중에 미국 회사들이 24개를 차지하고 있으며, 특히 1위부터 6위까지가 미국 회사들이다. 전체 30개 기업 중에 중국 2개, 사우디 1개, 대만 1개, 독일 1개, 그리고 한국에 삼성전자 한 개의 회사가 포함되어 있다.

대한민국 경제도 세계 속에서 비교하면 아직도 가야 할 길이 멀고 성장하고 발전해야 할 부문이 많이 있음을 보여 주고 있는 것이다. 이에 걸맞은 국가적인 전략과 대책이 시급하며, 이념적으로 편향된 정책이나 사회주의 강한 이슈들은 폐기되고 수정되어야 할 것이다. 국가적인 큰 틀 속에서 보다 개방적이고 자유로운 자본주의 체제를 확립해야만 세계 무대에서 뒤처지지 않고 경쟁을 할 수 있게 되는 것이다.

특히 젊은이들이 비전과 도전 정신을 갖고 세계 무대에서 당당하게 경쟁할 수 있는 시스템을 구축해야 한다. 세계 무대 속에서 기업가 정신을 익히고 배워서 대한민국이 더 부강해지고 잘 살게 되는 기회를 젊은이들에게 공평하게 제공해야 하며, 그것을 실행할 수 있는 구체적인 시스템 구축이 필수적인 것이다. 젊은이들이 꿈과 희망을 잃고 좌절해서는 나라의 미래는 기대할 수 없게 되는 것이다. 좁은 이념의 틀에 갇혀서 국민들을 호도 선전하며 궤변으로 자기 방어에 급급해서는 국가의 성장과 비전은 기대하기 힘든 것이다. 지도자들의 국민에 대한 진실된 헌신과 기득권을 내려놓는 자기희생이 있어야 위기를 극복할 수 있고 국가는 정상적으로 성장을 하게 되는 것이다.

전략적 행동

전략적으로 행동한다는 것은 여행을 떠날 때 지도를 가지고 출발하는 것과 같다. 요즘 같으면 내비게이션을 켜고 목적지까지 가는 것과 비슷하다고 할 수 있다. 전략적인 것은 빅 픽쳐가 있다는 것이며, 그 큰 그림에 따라 하나하나 알맞은 선택을 한다는 의미이다. 오랜 시간을 염두에 두고 치밀하게 준비하고 그 준비된 틀 안에서 효율적이고 생산적인 행동을 하는 것이 전략적인 행동인 것이다.

반면 전략적이지 못하다는 것은 즉흥적이고 계획이 없이 그때그때 상황 논리에 의해서 행동하는 것이다. 치밀한 준비 없이 상황 논리에 의존하여 업무를 실행하면 좋은 결과물은 도출될 수가 없는 것이다. 전략적이지 못한 조직은 비효율을 초래하며, 단기적인 논리에 허덕이다가 생산성 저하는 물론 미래의 비전 또한 공유하지 못하고 좌초하게 되는 것이다. 성공적인 업무 수행에는 전략적 행동이 필수적으로 수반되어야 하는 것이다.

확신, 구체적 계획 & 적극적 실행

하고자 하는 일에 확신을 가지고 옆 길을 기웃거림 없이 쭉 나아가야 한다. 확신이 없이는 어떤 일도 성과를 낼 수가 없으며 도달하고자 하는 목적지에 도착할 수가 없다. 하고자 하는 일에 대한 확신과 그것에 대한 구체적인 로드 맵이 있어야 한다. 시간 별, 상황 별로 구체적인 계획표를 작성하고 그것을 실행에 옮겨야 한다.

구체적인 계획이 있어도 망설이고 있으면 성과물은 도출될 수가 없는 것이다. 성취는 실행으로 옮길 때 나타나는 것이다. 가령 유럽에 가고 싶다면 꼭 가겠다는 마음가짐과 함께 구체적인 계획을 세워야 한다. 가는 날짜와 재정, 그리고 필요한 사항 등등 세부적인 계획을 세우고 그것을 실행에 옮길 때 유럽에 도착하게 되는 것이다. 하고자 하는 일에 대한 확신과 구체적인 계획 그리고 이를 실행하는 힘이 성공을 여는 출발점이 되는 것이다.

태교 음악

산모는 좋은 태교 음악을 들으며 2세 준비를 한다. 아름다운 생각과 올곧은 마음이 태어나는 아기에게 잘 전달되기를 바라는 마음에서 하는 행동일 것이다. 아기 엄마가 태어날 아기가 건강하고 영특하기를 소망하듯이, 일반 사람들도 이루고자 하는 목표와 희망이 있을 것이다.

미국에는 아메리칸드림이 있어서 대다수 미국인들은 이 아메리칸드림을 꿈꾸며 그것을 이루기 위하여 성실하게 열심히 살아가고 있다. 그들이 꿈꾸는 세상은 마치 산모가 예쁜 아기를 기다리는 마음과 같이 소중한 것이다. 이 아메리칸드림의 설정이 중요한 것은 지치고 힘든 일이 있을 때 일종의 방파제와 같은 역할을 해주기 때문이다. 쉽게 좌절하지 않고 앞으로 달려가게 하는 동력을 이 아메리칸드림에서 얻는 것이다. 힘들 때도 포기하지 않는 마음, 속상할 때도 위로해 주는 마음이 이 아메리칸드림 안에 있는 것이다.

이러한 아메리칸드림이 한국에서는 낯설고 생경해 보인다. 한국의 녹록지 않은 경제 상황으로 인하여 많은 젊은이들이 코리안 드림을 꿈꾸고 있지 못하기 때문이다. 태교 음악을 들으며 예쁜 아기의 탄생을 꿈꾸는 산모처럼 꿈이 있어서 지치지 않는 세상, 코리안 드림이 있어서 좌절하지 않고 끊임없는 도전을 이어가는 젊은이들이 많은 세상, 이러한 세상이 대한민국이기를 소망해 본다.

성공하는 논리 vs 실패하는 논리

성공하는 사람은 성공하는 논리로 상황을 이끌어 가고, 실패하는 사람은 실패하는 논리로 상황을 모면해 간다. 성공하는 사람들의 특징은 지향점이 분명하고 넓은 세상으로 향한다는 것이다. 반면 실패하는 사람은 본인 만의 세계 안에 머물며 핑계와 변명으로 그 순간을 피해 간다는 것이다. 성공하는 사람은 어떻게 든 방법을 찾으려 하지만, 실패하는 사람은 안 되는 이유들을 설명하려고 하는 것이다.

시도하지 않고 성공하는 사람은 없다. 탁구의 1 인자는 탁구대에서 탁구공을 제일 많이 떨어 트린 사람일 것이다. 성공하는 사람은 탁구공을 떨굴 때마다 좀 더 잘하는 방법을 찾을 것이고, 실패하는 사람은 상황이 나빠서, 운이 없어서 그렇게 되었다고 불평할 것이다. 성공은 성공의 지향점이 뚜렷하고 그곳을 향해서 집중력 있게 나아갈 때 성취되는 것이다. 좌고우면 하지 않고 한 발짝 한 발짝 주어진 사명을 수행할 때 다가오는 것이 성공인 것이다. 실패를 복기하지 않고 남 탓하며, 변명과 핑계를 일삼는다면 실패의 그늘에서 벗어나지 못하고 그 안에 계속 머물러 있게 되는 것이다.

고정관념의 위험성

성과를 내지 못하는 사람들의 특징 하나는 일종의 부정적인 고정관념에 사로 잡혀 있다는 것이다. 명문대를 나오지 않아서, 집안 배경이 나빠서, 돈이 없어서, 실패한 경험이 있어서와 같은 여러 가지 이유로 본인을 일정한 한계에 가두고, 본인의 능력보다는 사회적 현상이기 때문에 어쩔 수 없다는 일종의 고정관념에 사로 잡히게 된다. 이러한 고정관념의 형성이 위험한 것은, 그러한 고정관념이 보이지 않는 유리막을 만들고 그것을 뚫고 나아가지 못하게 함으로써 성장을 가로막게 한다는 것이다. 어릴 적 가졌던 원대한 꿈도 이러한 장벽에 막히면 작아지고 위축이 되는 것이다.

부정적인 고정관념을 갖게 되면 새로운 일은 아예 시도조차 못하게 된다. 시도조차 하지 않으면 성장도 없고 발전도 없게 되는 것이다. 이러한 현상을 타개하기 위해서는 해결해야 하는 현안이 있을 때 그 일 자체에만 집중하고 몰두해야 한다. 해결해야 할 문제점에 집중하고 과거의 부정적인 생각이나 기억에서 빠져나와야 그 문제의 실마리를 풀게 되는 것이다. 고도의 집중력과 분석이 필요한 것이다. 집중적인 훈련을 통하여 새로운 일에 대한 추진력을 얻을 수 있고, 이러한 지속적인 훈련이 부정적인 자아를 긍정적인 자아로 변화시켜 주는 촉매제 역할을 하게 되는 것이다.

거지 연습

신체적으로 건장해 보이는 남성이 어린아이와 함께 LA 인근의 고속도로 입구에서 구걸을 하고 있다. 부모의 따뜻한 보호 아래 공부해야 할 어린 여자 아이가 구걸의 현장에 동반되는 것은 생계 수단 이전에 규제되어야 하지만 어떠한 제재도 없이 수개월 동안 지속되고 있었다. 몇 개월의 시간이 지난 후에 두 사람의 모습은 처음 시작할 때와는 완전히 다르게 완벽한 거지의 모습으로 변하여 있었다. 초라하고 남루하게 변화되어 있었던 것이다. 거지의 역할이 거지로 변모시키는 동력으로 작용한 것이다. 성인 남성은 본인의 선택에 의한 것이지만, 어린 아이는 부모의 잘못된 판단으로 거지의 길로 들어선 것이다.

불평과 원망을 일삼는 사람은 이와 같이 본인도 모르게 불평불만이 습관화될 수 있다. 거지가 되고 싶은 사람은 없을 것이다. 상황에 대한 극복 없이 쉽게 포기하고 동조한 결과 나락으로 떨어진 것이다. 사물을 어떻게 대하느냐에 따라서 결과는 백팔십도 다르게 나타나는 것이다. 거지 연습을 하면 거지가 될 것이고, 부자 연습을 하면 부자가 되는 것이다.

탐 크루즈

탐 크루즈의 키는 170센티이다. 미국인 남성 평균 키 177센티에도 훨씬 못 미치고, 특히 할리우드 유명 영화배우들과 비교하면 굉장히 작은 키이다. 미국을 대표하는 최고 배우의 키가 이렇게 작다는 것을 아는 사람은 많지 않을 것이다. 탑건이나 메버릭에서 1억 달러의 출연료를 받는 탐 크루즈가 만약 키에 대한 열등감으로 영화배우의 길을 포기했으면 오늘날의 탐 크루즈는 존재하지 않았을 것이다.

키가 작은 배우는 탑 스타의 반열에 오를 수가 없다는 관념에만 사로잡혀 있었다면 탐 쿠르즈의 출연 영화를 관람할 기회조차 없었을 것이다. 자기 자신을 어떤 보이지 않는 한계에 가두지 않고 도전한 결과 오늘날의 탐 크루즈가 된 것이다. 탐 크루즈는 평상시 본인의 키에 대하여 다른 사람이 언급하는 것을 몹시 싫어했다고 한다. 하지만 이러한 단점에 얽매이는 것보다는 피나는 노력으로 키에 대한 핸디캡을 극복했던 것이다. 오늘날의 탐 쿠르즈는 그저 얻어진 결과물이 아니라 부단한 노력의 결실인 것이다.

나는 안 돼라는 말을 자주 하는 사람이라면, 그 패턴을 나는 된다는 패턴으로 바꾸어야 한다. 부정의 늪에서 빠져나와 긍정의 길로 나아갈 때, 본인도 성장하고 조직도 함께 성장하는 것이다.

Safety Zone

성공의 궁극적인 목표는 편안함인지도 모른다. 그러나 아이러니하게도 편안함을 추구해서는 성공에 도달할 수가 없다. 성공은 불편함을 극복했을 때 주어지는 일종의 보상인 것이다. 멋진 바디 빌더의 몸은 연속적인 고달픈 훈련의 결과물이다. 그 몸을 만들기 위해서 많은 시간을 인내하며 만들어낸 결과물이 멋진 근육질인 것이다.

세상에서 가장 편한 곳이 있다면 아무것도 할 필요가 없는 관 속일 것이다. 아무것도 할 필요도 없고 아무런 성과도 없는 곳이 바로 그 관 속인 것이다. 달리는 열차는 마주 오는 바람을 마주하게 된다. 그 바람의 세기는 달리는 열차의 속도에 비례한다. 빨리 멀리 달린 만큼 역풍을 맞았지만, 그만큼 비례하여 앞으로 나아갈 수 있었던 것이다.

편안함에 익숙해지면 좋은 결과물은 없다. 편안함이 지속된다면 현재의 위치도 위험해질 수 있다. 오랫동안 세워둔 자전거는 바람이 빠지고 타이어는 못 쓰게 된다. 일정 시간마다 바퀴에 바람을 넣지 않는 자전거는 그 기능을 상실하고 제 자리도 지키지 못하게 되듯이, 편하기 위하여 제 자리에 머물러 있다면 곧 공기 빠진 타이어 처럼 될 것이다. Safety Zone 은 앞으로 달려갈 때 지켜지는 것이지 머물러 있으면 사라지는 공간인 것이다. 안전지대는 계속 나아갈 때 그곳에 있는 것이다.

징크스를 깨라

징크스는 고대 그리스에서 주술에 사용하던 새의 이름 저크스에서 유래했다고 한다. 딱따구리의 일종인 이 새의 동작이 어딘가 이상해서 이 새를 불길한 징조나 불운의 상징으로 여겼던 것이다.

무슨 일을 할 때 실패한 경험이나 어떤 이유 등으로 나는 이것에 대한 징크스가 있다고 한다면 이것은 자기 최면이나 편견 혹은 고정관념으로 발전될 수 있다. 이러한 부정적인 징크스가 형성되면 일에 대한 성과는 좋은 결실을 맺지 못하게 된다. 그와 같은 징크스가 실제로 발생할지 아무도 모르는 것이며 일에 대한 두려움만 키우고 부정적인 자아만 형성케 하는 것이다. 능동적인 생각으로 새로운 것을 배우고 창조적인 도전을 계속할 때 이러한 징크스에서 해방되는 것이다. 징크스는 실패를 합리화하고 게으름을 정당화시킬 수 있기 때문에 그러한 함정을 깨고 나와야 하는 것이다.

Enterprise & Entrepreneur

Enterprise는 어려운 일에 도전하는 것 혹은 기업을 의미한다. 미국에서는 Enterprise라는 렌터카 회사가 있다. 렌터카 회사에서 이런 단어를 회사의 이름으로 선택한 배경에는 렌터카는 통상 새로운 여행지에서 새롭게 차를 빌려 쓰기 때문에 그러한 행위를 새로운 도전이라고 보았던 것 같다. Enterprise의 단어에는 들어가다는 enter가 먼저 나온다. 도전한다는 것은 우선 들어가야 시작이 될 수 있다는 의미이다.

반면에 Entrepreneur의 의미는 Startup 기업의 기업가를 지칭한다. 기업가란 새로운 도전과 혁신으로 새로운 가치를 창조하는 사람을 말한다. 기업가 역시 어떤 일을 먼저 시작하여야만 뭔가 이루어 내는 단어임을 알 수 있다. 두 단어 모두 새로운 것에 도전하는 의미를 가지고 있는데 이 외에도 벤처기업의 Venture에도 새롭게 시작하다는 의미가 들어가 있다.

새로운 것에 도전한다는 것은 늘 힘들고 어려운 일이다. 실패할 확률 및 큰 어려움이 뒤따르기 때문이다. 그러나 일론 머스크나 마크 저커버그와 같이 성공한 기업가에게는 엄청난 부와 명예가 따라오는 것이다. 세일즈도 영어에서 항해하다는 의미의 Sail과 비슷한 모양의 단어로 이루어져 있는데, 이는 세일즈가 항해와 같이 거칠고 힘든 직종에서 비롯되었음을 엿볼 수 있다. 세일즈 역시 도전적이며 위험을 감내하는 정신이 요구되는 업종으로 강인한 기업가 정신이 필수적으로 필요한 것이다.

눈을 뜨면 당신의 세상이 보입니다

잠시 눈을 감았다가 눈을 뜨세요. 당신의 눈으로 세상을 바라보아야 합니다. 타인의 눈이 아닌 당신의 눈으로 바라보아야 초점이 맞춰지고 흐려지지 않습니다. 어느 누구도 당신과 똑같이 세상을 바라볼 수가 없습니다. 서 있는 위치가 다르고 바라보는 곳이 다르기 때문입니다. 정확한 초점을 맞추기 위해서 끊임없이 단점을 보완하는 훈련을 해야 합니다. 본인만 할 수 있는 무언가를 만들어야 합니다. 타인의 시선으로 세상을 바라보면 초점이 맞지 않는 눈으로 사물을 바라보는 것과 같아서 현기증만 불러옵니다. 당신의 눈으로 세상을 바라볼 때 집중력이 생기고 깔끔해집니다. 가치 있는 삶은 누군가가 만들어 주는 것이 아니고 본인의 눈으로 세상을 바라볼 때 가능해집니다. 장단점을 잘 구별하여 세상을 바라보는 연습을 할 때, 원하는 세상이 그 안에 보일 것입니다.

3장 전문성

전문성을 갖춰라

자본주의 사회에서 고소득의 직종이 선호되는 것은 자연스러운 것이다. 전통적으로 어느 나라든지 의사나 변호사 같은 전문 직종이 고소득자에 속하지만 최근 들어 IT나 데이터 관련 종사자, 투자 관련 애널리스트, 게임 개발자, 마케팅 및 재무 설계사등이 고소득 전문 직종으로 부상하였다. 새로운 직종들은 의료나 법률 부문 서비스 보다 진입 장벽이 비교적 수월하다는 장점이 있다.

직업이 다양화되면서 나타나는 특징은 어떤 업종에서 일을 할 것인가 보다는 맡은 분야에서 최고의 전문가가 되는 것이 더욱 중요하다는 것이다. 어떤 분야든 본인이 속한 분야에서 최고의 실력을 갖추고 이를 소비자에게 유효하게 실행할 수 있는 능력이 필요한 시대인 것이다. 본인의 업무에서 최고의 실력을 갖는다는 것은 최고의 전문성을 가지고 있는 것으로 보아야 하며, 최고의 소득으로 보상받게 되는 것이다. 본인의 일에 자신감이 없고 남의 일에 기웃거리면 본인이 하는 분야에서 전문가가 될 수 없다. 남의 떡이 더 크게 보여질 수 있으나 어떤 직업이든지 어려움과 고충은 있는 것이다. 2017년 통계에 의하면 미국에서 자살률 2위에 의사, 3위에 치과 의사, 7위에 변호사가 자리하고 있다. 통상적으로 의료나 법률 종사자들은 편하고 어려움이 없을 것으로 예상하지만 자살률에서 보여지듯이 어느 직종이든 힘들고 어려움이 있는 것이다.

세일즈 분야도 3D에 속할 만큼 힘든 직종이지만, 실력을 갖추고 고객들로부터 인정을 받는다면 고소득자로 부상할 수 있다. 전문성을 갖추고 손님에게 양질의 서비스를 제공할 수 있는 실력을 갖추는 것이 우선적으로 할 일이다.

상품을 마스터해라

자기가 파는 상품에 대하여 철저하게 대비하고 연구가 되어 있어야 한다. 어떤 경우에도 상품에 대한 설명이 막혀서는 안 되고, 논리적으로 대응할 수 있어야 한다. 가수가 자기 노래를 악보를 보고 부른다면 음이 불안정해지고 감정 이입이 제대로 되지 않아 시청자들로부터 외면받게 될 것이다. 환자와 상담 중에 교본을 보는 의사가 있다면 환자는 그 의사를 신뢰하지 않을 것이다.

세일즈가 진입 장벽이 낮아서 쉽게 세일즈를 시작하는 사람들이 있다. 이러한 사람들은 전문적인 지식 습득 없이 손님을 대하기 때문에 손님이 상품에 대하여 깊게 질문하면 답변을 하지 못하고 대충 피하게 된다. 세일즈는 대충 해도 된다는 생각이 그 업종에서 생존을 보장받지 못하게 하는 요인이 되는 것이다.

자기가 파는 상품에 전문성이 없고 철저한 준비가 되어 있지 않으면 판매는 어렵게 된다. 최근 트렌드는 손님이 구입하고자 하는 상품에 대한 정보가 많고 장단점을 이미 잘 파악하고 있기 때문에, 판매자가 이에 준하는 준비가 되어 있지 않으면 낭패를 당하게 되어 있다. 상품에 대한 마스터는 선택이 아닌 필수인 것이다.

행복한 약

새로운 것을 배우는 것은 신나는 일이다. 새롭게 배운 것이 나의 것이 될 때 엔도르핀이 솟고 행복감을 느끼게 된다. 이 엔도르핀이 우리 몸을 건강하게 해주는 행복한 약의 기능을 해주고 있는 것이다. 워런 버핏은 자기의 하루 일과 시간 중 80 퍼센트는 새로운 것을 배우고 연구하는데 투자한다고 한다. 이 새로운 것에 대한 투자가 늘 앞서 가며 최고의 수익률을 올리는 요인이 되었다고 고백하고 있다.

세계 경제의 최고에 속하는 나라 중에서 배움에 열중하지 않는 나라는 없다. 미국 경제가 세계 최고의 위치에 있는 것은 전 세계 최고 대학 100위 안에 50개 이상의 대학이 미국에 포진하고 있기 때문이다. 이러한 배움의 열정으로 인하여 미국이 세계 최고의 국가로 유지되고 있는 것이다. 중국이 머지않아 미국을 추월할 것이라고 주장하고 있는 사람들이 간과하고 있는 것은 미국의 배움의 힘을 제대로 깨닫지 못하고 있기 때문이다. 미국은 학문 연구에서 중국에 절대 우위를 점하고 있기 때문에 중국이 미국을 앞지른다는 것은 지극히 어려운 일이 될 것이다. 중국의 학문 연구열이 미국을 앞서게 될 때 순위가 바뀔 수도 있지만, 학교의 전통이나 학문의 깊이는 하루아침에 이루어지는 것이 아니므로 요원해 보이는 것이다.

동물의 세계는 배움의 장이 없다. 배움이 없는 동물의 세계는 천년 전이나 지금이나 변한 것이 없다. 천년을 변함없이 제 자리에 머물러 있는 이유가 배우지 않기 때문이다. 배움이 없으면 발전도 없고 성과도 나타나지 않는 것이다. 누군가가 당구 실력이 늘 평균 50 정도에 머물고 있다면 별로 당구를 치지 않았거나 노력을 하지 않아서 생긴 결과일 것이다. 당구를 배우는데 투자한 시간과 배움이 없기 때문에 50 정도의 실력에 머물고 있는 것이다. 만약 세일즈가 잘 되지 않고 있다면 세일즈에 투자한 것이 없어서 나오는 현상일 것이다. 투자한 것이 없으면 결과물도 없는 것이다.

인간이 만물의 영장이 된 이유는 삶에 대한 배움이 있었고 이 배움이 전승되었기 때문이다. 문자가 없었던 선사 시대에도 도구를 만드는 기법만큼은 전수되었으며, 문자가 발명된 역사 시대가 도래한 후에는 문자를 통하여 지식이 전달되어 인류 문명이 발전하게 된 것이다. 책을 통하여 배우고, 좋은 경험을 통하여 배운 지식들이 전달되고 계승될 때 성장하며 발전하는 것이다. 한국이 최근 한류 열풍을 일으키는 원인 중의 하나는 뛰어난 교육열과 배움이 밑바탕에 깔려 있기 때문이다. 배움의 열풍으로 한국 사회가 레벨 업되고 이에 대한 효과가 세계 무대에서 발휘되고 있는 것이다.

소크라테스는 무지는 악이다라고 할 정도로 배움에 열심이었다. 소크라테스의 학문이 플라톤에게 전승되었고, 아리스토텔레스에게 계승되어 서양 철학을 꽃피웠다. 알렉산더 대왕은 아리스토텔레스로부터 배움을 받아 역사의 물줄기를 바꾸어 놓을 수 있었던 것이다. 역사는 이와 같이 배움의 장이 얼마나 중요한지를 일깨워 주고 있으며, 이를 실용적으로 잘 활용해야 문명이 발전한다는 것을 보여 주고 있는 것이다.

고수에게 배워라

어느 분야든지 고수가 있다. 그 고수의 말에 귀 기울여한다. 그의 말을 경청하며 좋은 장점 및 노하우를 본인 것으로 흡수할 수 있어야 한다. 종종 일 잘하는 사람을 비난하며 뒤에서 흠잡는 사람들이 있다. 이러한 사람들은 발전이 없고 현재의 위치에 머물 가능성이 높다. 배우지 않고 냉소적으로 남을 비난하는 사람들은 조직에 대한 충성도가 낮고 비판적인 성향으로 인하여 조직에 피해를 끼칠 수 있게 되는 것이다.

조직의 발전에 해가 되는 사람은 그 조직에서 리더가 될 수 없는 것이며, 종국적으로 그 조직에서 탈락하게 되어 있다. 한 단계 더 높이 점프하려면 본인의 자존심을 내려놓고 새로운 것에 대한 도전을 멈추지 말아야 한다. 특히 고수의 말을 존중하며 좋은 점들을 배워야 한다. 새로운 것에 대한 흡수력과 폭넓은 수용력이 본인의 능력을 키우고 향상하는 요인이 되는 것이다. 그냥 현재의 위치에 머무르고 싶다면 아무것도 하지 않으면 된다. 바람 빠진 풍선은 현재의 위치도 지켜내지 못할 것이다.

4장 희생 & 헌신

어머니

　어머니의 상징은 사랑과 헌신이다. 어머니의 사랑과 헌신을 비즈니스에서 실천한다면 많은 고객들로부터 큰 호응을 받게 되고 좋은 관계가 형성될 것이다. 이기적인 모습이 강한 시대에 쉬운 일은 아니지만 고객을 위하여 헌신적인 서비스를 한다면 고객과의 관계가 개선되고 매출은 증대될 것이다.

　비즈니스 하는 본인의 이익을 우선하지 않고 손님의 이익을 대변하는 서비스를 시현하는 것이 비즈니스를 확장시키며 발전케 하는 원동력이 되는 것이다. 비즈니스에서 고객과의 좋은 관계를 형성하는 것은 매우 중요한 것인데, 어머니의 희생과 같은 서비스는 이를 가능하게 할 것이다. 손님 한 사람과의 좋은 관계는 그 손님 한 사람과의 관계만으로 끝나는 것이 아니라, 주변의 사람들로 연결된다. 고마운 관계는 물결 퍼져 가듯 주위로 확산되고 비즈니스는 탄력을 받으며 성장의 길로 접어들게 되는 것이다.

이순신 장군

　한국 사람이 가장 좋아하고 존경하는 인물 1위는 이순신 장군이다. 여러 가지 이유가 있을 수 있지만 이순신 장군께서 나라를 사랑하시고 희생하셨던 것이 큰 요인이었을 것이다. 초 같이 자신을 태워서 세상을 밝히고 아무것도 취하지 않고 무대에서 사라져 간 이순신 장군은, 그 순간은 아무것도 남지 않았지만 그의 충성심과 희생은 영원히 한국인의 기억에 자리하고 있다. 그 헌신과 희생에 모두는 감사와 존경을 표하고 있는 것이다.

　조직 내의 가장 심각한 문제를 뽑으라면 개인적인 이기심일 것이다. 조직 내에서 어떤 문제가 발생하였을 때 그 문제의 절반은 본인에게 있는 것인데 상대방이 잘못해서 문제가 커졌다고 여기는 것이다. 문제의 원인을 남한테만 돌리고 있다면 조직은 따뜻해지지 않는다. 나는 움직이지 않으면서 남이 움직이기를 탓하기 시작하면, 조직은 메마르며 이기적으로 변한다. 쓰레기가 있으면 줍고 할 일이 있으면 직접 하면 된다. 누군가 해줄 것을 기다리지 말고 직접 해결하는 문화가 싹틀 때 그 조직은 생산적으로 변하는 것이다.

　코로나 팬데믹 시기에는 도로를 건너기 위하여 신호등 아래 위치하고 있는 버튼을 눌러야 했다. 버튼을 눌러야 보행자 신호가 들어오고 건널 수 있었지만 많은 사람들은 기다리며 버튼을 누르지 않았다. 감염이 두려워 버튼을 누르지 않고 누군가가 버튼을 눌러 주기를 기다렸던 것이다. 이기심의 발로로 도로를 건너는데 보다 많은 시간이 허비되어졌던 것이다. 이와 같이 공동체의 이기심은 조직원 전체에게 피해가 되돌아가게 된다.

　나 하기 싫은 것은 남도 하기 싫은 것이지만, 누군가의 희생이 있어야 이기심을 극복하는 것이다. 이러한 문화는 리더의 위치에 있는 사람이 먼저 본을 보일 때 그 효과가 극대화될 수 있다. 물이 위에서 아래로 흐르듯이 조직 내에서 리더가 먼저 행할 때 그 파괴력이 커지는 것이다. 이순신 장군의 희생이 왜 중요한 것인지를 보여 주고 있는 것이다. 이기주의가 만연하면, 어려움으로부터 탈출할 수 없고 위기가 오면 그대로 자멸하게 된다. 가정이든 회사든 희생이 없이는 발전과 성장은 더딜 수밖에 없는 것이다.

콩쥐 엄마 vs 팥쥐 엄마

아이들은 안다. 당신이 콩쥐 엄마인지 팥쥐 엄마인지를. 고객도 물론 안다, 당신의 수고와 노고가 진짜인지 가짜인지를. 어떻게 인정받고 어떻게 신임을 잃는지 생각해 보자. 그리고 그것에 맞게 행동하자. 이기적인 모습은 결국 이기적인 결말을 맺는 것이다.

콩쥐 엄마는 승리하게 되어 있다. 나무의 본질도 햇볕 있는 쪽으로 향하여 크듯이 인간 본성 또한 햇볕 있는 쪽으로 향하게 되어 있다. 비즈니스에서 콩쥐 엄마가 되어야 한다. 팥쥐 엄마의 희생은 보이는 희생일 뿐 진정한 희생이 아니기 때문에 성과 없이 무너지는 것이다. 콩쥐 엄마의 희생이 손님에게 전해질 때 손님은 당신의 수고에 진정한 감사를 표할 것이며, 그 효과는 물결처럼 퍼져 나갈 것이다.

희생의 경제학

경제학 측면에서 희생은 자기 몫을 남에게 준다는 의미이다. 나의 몫을 나누어 주는 것은 살아 있는 생명체로써는 어려운 행위이다. 자기 몸을 제단에 바치는 것이 한자어로 희생인데, 자기 몸을 제단에 바치는 것은 엄청난 고통이며 손해인 것이다. 그러나 인간에게는 양심이라는 선한 도구가 있어서 그 희생한 사람을 기억하며 고마워한다. 생각하지도 못했던 선물을 받은 기억이 있다면 그 고마움을 언젠가는 보상하려는 심리가 사람들한테 있는 것이다. 젊을 때 전철 안에서 어르신에게 자리를 양보한 대가는 노인이 되어 본인도 그 자리를 넘겨받는 혜택을 보게 된다. 한번 실천한 선의가 질서를 세우는데 도움이 되고, 그 혜택이 종국에는 본인에게도 돌아오는 것이다.

희생은 좁게 생각하면 손해이지만 크게 생각하면 더 큰 대가로 되돌아오는 것이다. 희생의 대가는 이와 같이 비즈니스에서도 작동한다. 어머니 마음으로 서비스하는 사람을 손님은 잊지 않을 것이다. 사람은 주위에 최소한 다섯 명 이상의 친한 사람이 있다고 한다. 세일즈에서 받은 감동과 고마움은 아는 지인에게 전달되고 새로운 고객은 그들을 통하여 또다시 창출되는 것이다. 이렇게 창출되는 손님이 늘어날 때 비즈니스는 탄탄해지며 정착하게 되는 것이다.

명품 브랜드에는 충성심이 강한 소비자들이 많이 있다. 그들의 충성심은 상품에 대한 신뢰로부터 온다. 상품에 대한 신뢰와 안전함이 이러한 충성심을 만드는 것이다. 이러한 충성심은 브랜드 이미지를 높이며 고객 스스로가 그 가치를 주변의 많은 사람들에게 알리게 된다. 그 결과 그러한 상품은 가격이 비싸도 소비자 들은 주저함 없이 구입하게 되는 것이다. 신뢰가 쌓이면 가격이 제일 큰 요인이 아닌 것이다. 이것은 개인적으로 세일즈 하는 사람에게도 비슷한 논리로 적용될 수 있다. 세일즈 맨에 대한 신뢰가 쌓이면 그가 파는 상품도 신뢰하게 된다. 이 신뢰는 더 큰 매출을 이끌어 주는 매개체 역할을 하게 되는 것이다.

야망, 이기심& 희생

야망을 갖는다는 것은 좋은 것이다. 커다란 포부를 가진 사람이 더 큰 목표를 향해서 달려가고 목표한 바를 더욱 잘 성취할 수 있기 때문이다. 하지만 이러한 야망이 본인만을 위한 야망이 되면 이기적인 야망으로 변질될 수 있다. 이기적이 된다는 것은 내가 더 많은 것을 취하는 것이므로 상대방은 내가 가져간 부문만큼 덜 갖게 됨을 의미한다.

손님과의 관계에서 본인의 야망을 위하여 손님을 희생시키면 관계는 파탄 나게 된다. 손님을 우선시하는 서비스는 본인의 욕심을 제거할 때 가능해지는 것이다. 정치도 백성이 아닌 본인을 위한 야망을 가졌을 때 무너지듯이, 비즈니스도 본인의 욕심을 채우기 위하여 손님을 희생시키면 무너지게 되는 것이다.

5장 이기심 극복

이기심의 경제학

무분별하게 버려지는 쓰레기가 환경을 파괴하고 질병을 유발하여 인간의 삶에 악영향을 주듯이, 무질서와 불법은 정상적인 사회를 서서히 침식시켜 경쟁력을 약화시킨다. 저하된 경쟁력으로 인하여 전체 파이가 줄어들고 사회 구성원들은 질 저하된 삶을 살아가게 되는 것이다. 무질서와 불법이라는 이기심은 결국은 되돌아와 그 사회를 저격하게 된다. 이기심이 팽배한 사회는 공정하지 않으며 룰을 지키는 사람이 오히려 까다로운 사람으로 낙인찍혀 손해를 보기도 한다.

어느 섬에 한쪽 눈만 있는 사람들만 살고 있다고 가정하자. 그 섬에서는 두 눈 가진 사람이 오히려 비정상적인 사람이 되고 불편하게 느껴질 수 있다. 불법과 타락이 판치는 사회는 정의와 공의가 행복한 사회의 판단점이 아니고 오히려 부담스러운 짐이 될 수 있는 것이다. 그러한 사회는 행복의 의미를 상실하는 사람들이 많아지고, 냉소적이며 자살률은 증가한다. 이와 같이 이기심의 대가는 그 사회를 무너뜨리는 근간이 되는 것이다.

미국은 기초적인 질서에 대한 시민들의 참여 의식이 대부문 잘 확립된 나라이다. 일상 삶의 모습을 좀 더 깊게 들여다보면, 줄을 서는데 새치기하지 않고 기다리고, 신호등을 준수하고, 횡단보도에서 보행자에게 먼저 양보하고, 주차는 정해진 곳에 하는 모습을 볼 수 있다. 굉장히 쉽게 보이는 부문이지만 우리 사회가 이러한 기초 질서가 잘 지켜지고 있는지 숙고해 봐야 한다. 질서를 존중하는 미국의 문화는 미국을 세계 최고의 선진국으로 만드는데 크게 기여했다고 판단된다.

미국과 근접하고 있는 멕시코는 치안이 불안하고 무질서한 이미지의 나라이다. 기초 질서가 잘 확립된 미국과 그렇지 않은 멕시코는 여러 면에서 차이가 있는데, 멕시코 땅과 붙어 있는 캘리포니아의 현재의 위치를 멕시코와 비교해 보면 그 차이점은 더욱 분명해진다. 1846년 미국은 멕시코와 전쟁을 치르고 캘리포니아를 미국 영토로 확보하였다. 원래 멕시코 땅이었던 캘리포니아의 2023년 1인당 GDP는 $102,527인 반면 멕시코의 1인당 GDP는 $10,300으로 열 배 이상 차이가 나고 있다. 멕시코는 갱단에 의해 경찰서장이나 시장이 사살될 정도로 치안이 부재하고 GDP의 10 퍼센트 이상이 뇌물로 사라진다. 이러한 무질서와 부패는 결국은 국민에게 고스란히 전가되고 국민들의 삶은 더욱 고달프고 가난해지는 것이다.

한국의 지하철에는 에스컬레이터가 많이 설치되어 있다. 그런데 간혹 에스컬레이터 사고로 인명 피해가 발생하고 있다. 에스컬레이터에서 걷거나 뛰면 고장이 나고 이는 인명 사고로 이어지기 때문에, 에스컬레이터 손잡이에는 걷거나 뛰지 마세요라는 문구가 있으나 많은 사람들이 무시하고 있다. 일반 계단이 옆에 있고 그곳에서 뛰면 되는데 조금 더 빨리 가기 위해서 에스컬레이터 위에서 뛰거나 걷고 있고, 누구 하나 이의를 제기하는 사람이 없는 것이다. 좋은 게 좋다는 의식이 사고로 이어지고 사고를 당한 후에야 사고가 아니라 인재라고 야단법석을 떨고 있는 것이다.

이러한 이기적인 행동이 면책을 받게 되면, 법을 지키는 사람만 손해라는 인식이 만연하여 사회 전체적으로 법에 대한 존중 의식 대신에, 법을 경시하는 현상이 나타나게 된다. 법을 경시하는 사회 현상이 고착화되면, 그러한 나라에 투자할 사람들은 줄어들게 되고 국가 경쟁력은 추락하게 되는 것이다. 사회적 이기심 현상이 불러오는 대가는 의외로 큰 것이다.

레몬법

1975년 미국에서 시행된 제도로써, 신차가 출고된 후로 18개월 동안 자동차에 중대한 결함 2회 혹은 일반 결함 4회이면 환불이나 차량을 교환할 수 있도록 해주고 있는 제도이다. 한국에서도 2019년부터 이 레몬법이 시행되고 있다.

레몬은 겉보기에는 멀쩡하나 속이 썩을 수도 있고 오렌지 같은 달콤함을 기대하나 시큼해서 먹을 수 없다는 의미를 가지고 있다. 한국 속담에 "빛 좋은 개살구"라는 표현이 있는데 이는 겉은 멀쩡한데 속은 형편없다는 뜻일 것이다. 레몬법은 소비자를 속여서 물건을 팔 경우에 법률적으로 구제하는 제도라고 할 수 있다. 이 레몬법은 비도덕적으로 소비자를 기만하는 생산자에게 그 책임을 묻는 제도로써 만연하는 도덕적 해이를 일정 부문 법률적인 장치를 통하여 그 폐해를 막는 효과가 있는 것이다.

중고차 이론

George A. Akerlof는 그의 논문 "The Market for Lemons"에서 정보의 비대 칭에 관하여 설명하고 있다. 정보의 비대칭이란 시장 참여자 간에 정보의 양과 질이 불균형한 상태를 말한다.

중고차 판매 시에 셀러는 자기가 가지고 있는 차의 정보를 잘 알고 있지만 바 이어는 상대적으로 사고나 잔고장 등에 관하여 잘 모르게 되어 있다. 바이어는 차를 구입하기 전에는 차의 정확한 상태를 파악할 수 없고 차를 구입한 이후에야 그 차에 관하여 파악이 가능한 것이다. 중고차 시장에서 차량 가격 평가는 보통 평균적인 가격으로 하기 때문에, 셀러의 입장에서는 품질 좋은 차량보다는 품질 낮은 차량을 중고차 시장에 팔려는 경향이 있다. 상대적으로 바이어는 중고차 시장에는 품질이 낮은 차량이 많은 것을 알고 중고차 시장에서 차량 구입을 망설 이게 된다는 것이다. 이러한 현상은 중고차 시장이 소비자들로부터 외면받게 되 는 이유가 되고, 결국에는 시장으로부터 퇴출당한다는 이론이다.

중고차 이론은 도덕적 해이가 불러오는 폐해에 관하여 설명하고 있고, 시장은 이러한 이기심에서 벗어나야 올바른 성장을 하게 된다는 것을 보여 주고 있는 것 이다.

역선택

정보의 비대칭은 한쪽이 다른 한쪽보다 더 많은 정보를 가지고 있을 때 나타나는 현상이다. 예를 들어 생명보험을 가입할 때 가입자는 보험사 보다 본인의 건강 상태에 대하여 더 많이 알 수 있다. 병력이 있지만 병원에 가지 않았을 경우에 보험사는 가입자에 대한 기록 부족으로 건강 상태를 정확히 파악하지 못하게 된다. 이런 경우에 역선택이 발생할 수 있다.

역선택이란 정보의 비대칭으로 인하여 질 낮은 상품을 선택하는 현상을 말한다. 가령 보험사는 정확한 정보가 부족하면 건강이 좋은 사람보다 건강이 나쁜 사람을 더 많이 보험에 가입시킬 수 있다. 건강이 양호한 사람은 될 수 있으면 생명보험 가입을 기피하고 건강이 나쁜 사람들은 보험금을 받기 위하여 건강이 좋은 사람보다는 더욱 보험 가입에 열중하게 된다. 이런 경우 정보의 역선택으로 인하여 보험사는 질 낮은 고객이 많아지고 이는 회사 경영에 악영향을 끼치게 되는 것이다. 역선택을 방지하지 못하면 수익 구조는 나빠지고 경영에 많은 부작용을 초래하는 것이다. 인간의 도덕적 해이가 가져오는 폐해들을 막기는 쉽지 않지만, 각 개인 각자가 이기심을 줄이고 양심을 회복할 때 어느 정도는 해소되는 것이다.

역선택 2

역선택의 사례는 보험 가입 시뿐만 아니라 보험 설계사를 채용 관리하는 부문에서도 비슷하게 나타나고 있다. 무분별한 보험설계사 모집과 과당 수당 지급 그리고 1-2년 안에 모집 설계사의 퇴사로 인한 고아 계약이 속출하고 있는 것이다. 이러한 문제는 소비자들의 원성을 사고 보험사 이미지에 타격을 주고 있다. 보험에 대한 나쁜 이미지 형성은 보험 시장 전체 판매에도 불리하게 작용하여 판매가 줄어드는 역효과가 발생하고 있는 것이다.

이러한 시스템을 보완하기 위해서는 신입 설계사가 보험 판매를 시작하기 전에 일정 기간의 업무 교육과 현장에서의 예비 교육을 이수한 후에 영업 현장에 배치하는 제도를 정착시켜야 한다. 현재 보험 설계사의 수수료 체계는 보험료 100% 룰이 적용되는데, 이는 계약자가 납부한 1년 치 보험료 미만 내에서 설계사의 수수료를 지급해야 하는 규정으로, 계약자가 납부한 1년 치 보험료의 대부문이 모집 설계사에게 수당으로 지급되고 있는 것이다. 2년 차 생보사 신입 설계사 정착률이 2025년 기준 40%로 나타나고 있는데, 이는 신입 설계사 60%가 수당만 받고 탈락한 것이다. 이에 대한 불이익은 계약자나 보험사에게 되돌아가기 때문에 설계사의 정착률이 중요한 것이다.

정착률을 높이기 위해서는 보다 신중한 신규 채용이 이루어져야 하며, 이들이 소비자가 필요로 하지 않는 상품도 마구 안면으로 판매한 뒤에 그만두는 구조가 개선되어야 하는 것이다. 보험사는 신규 채용된 설계사들이 정착할 수 있는 기간 동안 기본적인 정착금 지원 및 철저한 교육을 통해서 단 기간 근무 후에 탈락하는 구조적인 시스템을 개선해야 한다. 철저한 교육과 정착률 관리로 보험의 완전 판매를 시현해야 하는 것이다. 정착률이 높아지면 보험 유지율도 높아지기 때문에, 신입 설계사의 정착률을 높이는 것이 중요한 것이다. 정착률과 유지율이 높아지면 보험사의 이미지가 개선되고 효율성과 생산성도 함께 증가하는 것이다.

한국 바닷가 vs 미국 바닷가

바다는 공공재이다. 바다의 소유권은 국가에 있으며 국민 누구나 바다를 자유롭게 사용할 수 있는 권리가 있다. 대한민국 국민은 누구든지 바다를 자유롭게 사용할 권리가 헌법에 보장되어 있지만, 여름이면 일부 상인들이 바다 입구에 파라솔을 설치하고 돈을 지급하는 사람한테만 파라솔을 사용할 수 있게 해주고 있다. 공공재인 바다가 지자체와 상인에 의해 일반인의 사용을 가로막고 있는 것이다.

이는 미국 바닷가와 비교하면 많은 차이가 있다. 미국 바닷가는 상인에 의해 점유당해 일반 시민의 권리를 침해하는 곳은 없다. 지방 정부가 철저하게 법을 준수하며 시민을 보호하고 있기 때문에 가능한 것이다. 사소하게 보이지만 시민의 입장에서는 권리를 침해당하고 있는 것이므로 이러한 집단 이기주의는 철회되어야 하는 것이다.

소수의 이기주의로 인하여 다수가 희생당하는 시스템은 생산성이 낮은 후진국 형태의 모습이다. 발전이 저해되고 생산성이 떨어지는 비효율적인 시스템은 전체 파이를 키울 수 없고 그 피해가 고스란히 다수에게 전달되는 것이다. 보다 성숙한 시민 의식이 형성될 때 경쟁력이 회복되고 더욱 행복한 사회로 발돋움하게 되는 것이다.

개인주의와 객체주의

미국은 개인주의가 발달한 나라라고 한다. 개인주의라는 단어에는 다분히 이기적인 이미지가 있는데, Individualism을 개인주의로 번역하였기 때문에 생긴 것으로 판단된다. 그러나 Individualism을 객체주의로 번역하는 것이 좀 더 미국인들의 특성을 파악하는데 도움이 될 것이다.

개인주의를 이기주의로 해석한다면 미국 문화를 이해하는데 혼동이 있게 된다. 미국은 이기주의가 발전한 나라가 아니라, 각 개인들의 특성이 강하고 독특하며 이 개인들의 성향을 존중하는 사회이다. 한국 젊은이들의 머리 스타일이 거의 비슷한 것에 비하면 미국 젊은이들의 머리 스타일은 각양각색이며 천차만별이다. 개인의 호불호에 의해 머리 스타일을 정하는 것이지, 유행과 같은 트렌드에 의해서 머리 스타일이 정해지는 것은 아니다. 남들과 구분되는 각 개인만의 독특한 캐릭터를 추구하고 쏠림 현상 없이 본인만의 스타일을 고수하는 것이 그들의 문화인 것이다. 그러하기 때문에 Individualism을 개인주의가 아닌 객체주의로 해석해야 올바르다는 것이다.

전통적인 미국 사회는 법과 질서와 다양성을 존중하며, 남에 대한 배려가 강한 사회이다. 거리나 도로에서 만나는 미국인들은 대체로 친절하며 상대방을 존중해 준다. 이기적인 면보다는 이타적인 면이 훨씬 돋보이는 사회인 것이다. 이러한 측면에서 Individualism을 이기적인 이미지가 있는 개인주의보다는 각 개인의 정체성이 존중되는 객체주의로 번역해야 한다는 것이다.

이러한 개인의 객체주의적 현상은 미국이 세계에서 벤처 기업을 가장 많이 육성하게 하는 원동력이 되게 하고 있다. 다양성 강한 개인들이 모여서 실리콘 밸리와 같은 벤처 기업들을 육성시키고 발전시켜 나가고 있는 것이다. 획일적인 사고와 문화는 빠르게 변화하는 다양성 있는 사회로 나아 가는데 장애 요인이 되는 것이다.

주택 가격

중국의 2023년 GDP 대비 가계 소비는 39.6%, 미국은 68.8%, 한국은 47.7%를 기록했다. 중국과 미국의 수치를 분석해 보면, 중국의 경제는 소비보다는 투자에 무게 중심이 있어 보이고, 미국은 소비가 경제를 주도하는 모습이다. 미국 경제의 구조는 소비가 절대적인 중요한 위치에 있기 때문에 소비가 침체되면 경제 전체가 타격을 받게 된다. 미국에서의 소비는 경제 성장과 직결되고 있다.

각 나라의 소비를 구체적으로 분석하기 위하여 세 나라의 자가보유율을 살펴보면, 2018년 중국은 89.7 %, 미국 64 %, 그리고 한국이 61 % 였다. 현재 중국은 부동산 침체를 겪고 있는데, 이것이 중국 전체의 소비 부진으로 이어지고 있다는 분석이다. 부동산 가격 상승 시 그 안에 쌓인 자산 즉 에쿼티를 뽑아 사업 확장과 같은 소비 지출을 늘려야 소비가 진작되는 효과가 있는데, 부동산 가격이 하락하면 유용할 수 있는 에쿼티가 줄어 들어서 소비적인 측면에서 부정적으로 작용하는 것이다. 미국에서 정부가 인위적으로 부동산 가격을 통제하지 않는 것은 부동산 가격이 하락하면 에쿼티 부족으로 소비가 침체되기 때문에 정부가 부동산 가격에 개입하지 않는 것이다. 소비가 늘어나게 되면 공장 가동률도 늘고 기업들이 신규 채용을 증대시키는 선순환의 효과가 있기 때문에 정부에서 집값 통제에 개입하지 않는 것이다. 집값 상승이 소비를 향상하는 긍정적인 측면을 고려하여 최소한의 규제로 집값은 시장의 논리에 맡기는 것이다.

한국은 땅이 좁아서 미국과 비교하는 것이 논리적으로 부족한 면이 있지만, 정부의 지나친 부동산 개입은 역효과를 불러올 수 있다. 중국 정부의 지나친 대출 억제 정책은 부동산 전체의 침체를 가져왔고, 이것이 중국 경제 전반에 부정적인 요소로 작용하게 된 것이다. 최근 대출을 늘리고 부동산 부양 정책을 실시하려 하지만 정부 주도의 정책은 한계가 있는 것이다. 경제 주체는 정부가 아니라 각 개인들인데, 소수의 공무원으로 전체 개인의 심리 및 동향을 관리하고 컨트롤한다는 것은 불가능한 것이다. 이러한 정부 주도적인 사회주의 경제는 비효율과 비능률의 원인이 되는 것이다.

시장은 최소한의 규제로 각 경제 주체에게 맡기는 것이 필요하며, 이로부터 발생할 도덕적 해이와 같은 문제점을 보완하고 관리하는 것이 정부가 해야 할 일이다. 모든 것을 다 정부가 컨트롤하고 주도하려 한다면 그에 필요한 막대한 인력은 물론이거니와 비효율성의 극대화로 국제 사회에서 경쟁력을 상실하는 원인이 되는 것이다. 정부가 효율을 중시하는 정책을 펼칠 때 국민들도 효율성 있는 주체로 성장하게 되는 것이다.

자본주의에서 소비는 경제 주체들이 자신들의 이익을 추구하는 마지막 단계이므로 이를 존중해 주어야 하며, 이러한 원리가 잘 작동되도록 하는 것이 정부의 책임인 것이다.

한국과 미국 주택 총 자산가치

2023년 기준으로 미국 전체의 주택 총 자산 가치는 49조 6천억 달러이며, 한국은 3조 5천억 달러였다. 이 수치는 미국과 한국의 개인 소유의 총 주택 가격을 합산한 수치로써 그 나라의 부동산 가치를 평가하는데 중요한 자료이다. 이 수치를 그 나라의 GDP에 비교하면 집 가격 수준이 어느 정도인지 가늠할 수 있다. 미국의 2024년 GDP는 23조 7천억 달러이며, 한국은 1조 7천억 달러이다. GDP 대비 미국의 주택 총 자산 가치가 한국 보다 더 높게 나타났다. 이는 미국의 주택 가격이 한국의 주택 가격 보다 더 비싼 것임을 의미한다. 한국 부동산 가격이 비싸서 국가 경쟁력을 잃고 있다는 분석은 설득력이 없는 것이다. 부동산 가격이 비싸서 국가 경쟁력이 부족한 것보다는 다른 여러 가지 요인들이 있는 것이다.

한 나라의 부를 측정할 때 국민이 보유하고 있는 총 자산과 GDP는 중요한 수치이다. 개인적인 부의 가치가 높을수록 국가 전체의 자산 가치도 더 높은 것이며, 선진국일수록 부동산 가치는 더 높게 나타나고 있다. 부동산 가치가 높다는 것은 경제적인 측면에서 그 나라의 국민이 더 부유하다는 것이므로 나쁜 것이 아니라 좋은 것이다. 정부에서 집값을 통제하고 예민하게 대응하는 것은 자본주의 경제 체제에 반하는 정책으로 제고되어야 한다.

아담 스미스의 경제학

현대 경제학의 아버지로 일컬어지는 아담 스미스는 개인의 경제적 자유가 국가의 번영으로 이어진다고 보았다. 소비자는 필요와 선호에 따라 자신에게 가장 유리한 선택을 하게 되며 이는 효율성을 높여 사회 전체 이익으로 이어진다는 것이다. 시장은 수요가 있으면 가격이 상승하여 공급이 늘고, 수요가 부족하면 가격이 떨어지고 공급이 줄어드는 자율적인 기능 즉 보이지 않는 손이 작동하여 자원의 최적화가 이루어지기 때문에 정부는 시장 간섭을 최소화해야 한다고 주장하였다. 현대의 관점에서 볼 때 약자에 대한 배려가 부족하다는 평가도 있지만 근본적으로 인간은 자기의 이익이 있는 곳으로 향하는 마음을 정확히 설파하였다고 본다.

모든 생명체는 자기에게 유리한 방향으로 움직이는 것을 부정할 사람은 없을 것이다. 아담 스미스는 인간이 가지고 있는 원초적인 이기심이 오히려 수요와 공급을 조절하여 전체 사회를 부유하게 만든다고 보았지만, 이것은 개인적인 경제 활동에 도덕적 해이가 없을 때 가능한 것이다. 특히 리먼 브라더스 사태나 요즘의 AI의 딥페이크로 인한 도덕적 결함에서 나타나는 현상들에 대하여 아담 스미스는 예측하지 못하였으며, 이러한 도덕적 해이에서 나타나는 부문들이 보완되고 수정된다면 그의 이론은 보다 넓은 공감대를 형성할 것이다.

장자크 루소의 경제적 평등

프랑스혁명은 장자크 루소의 자유 평등 박애의 정신에 기초를 둔 시민혁명이다. 불평등한 사회 체제 및 기득권 층에 대한 불만이 프랑스혁명을 이끌어냈으며 1793년 루이 16세 및 왕비 마리 앙투아네트를 단두대에서 처형하게 하였다. 피의 혁명으로 정권을 잡은 로베스 피에르는 아이러니하게도 집권 후 공포정치와 독재로 본인도 1794년 단두대의 이슬로 사라진다. 불우한 어린 시절을 보낸 로베스 피에르는 변호사가 되어 가난한 사람들을 변호하는 인권변호사로서 명성을 날렸지만 루이 16세 및 왕비를 처형하는데 앞장섰던 인물이다.

프랑스혁명의 정신적 기초를 마련해 준 장자크 루소는 평등은 경제적으로도 평등해야 한다고 주장했다. 자유와 박애를 주장하여 민주주의 사고의 근간을 마련해 준 부문은 높게 평가받을 수 있으나, 국가만이 재산을 소유하고 부의 평등을 주장한 부문은 좌파 이론의 근거가 되었다.

좌파의 유래는 1792년 자코뱅당이 의회의 왼쪽에 앉은 것을 시작으로 유래되었는데, 프랑스혁명을 주도한 자코뱅당의 우두머리의 한 사람이 로베스 피에르였다. 장자크 루소의 경제적 평등은 자본주의와는 상충되는 이론이다. 인격적 평등은 있으나 경제적인 평등은 자본주의 제도하에서는 존재할 수 없는 이론이다. 경제적 평등을 주장하던 공산당의 사회주의 이론은 이미 실패한 이론으로 결론되어져 있다. 똑 같이 일하고 똑 같이 잘 사는 것은 개인들의 능력과 차별성으로 인하여 많은 사람들로부터 선택을 받지 못했던 것이다.

인간의 존엄성을 존중하고 모든 인간은 자유롭고 평등하다는 장자크 루소의 이론은 근대 국가의 형성에 많은 기여를 하였지만, 경제적으로도 평등을 주장한 그의 이론은 급진적인 세력을 형성하는데 일조하였다. 똑같이 일하고 똑같이 잘

사는 이론은 윤리적으로 패러다이스 이론이지만, 사람들은 그러한 방향으로 움직이지 않는 것이다. 윤리의 중요성만 강조하고 실력을 키우지 않을 때 그 사회는 이념에 갇히게 되며, 생산성과 능률은 떨어지고 일하지 않고 먹고살려고 하는 사람들이 증가하게 되는 것이다.

사회주의 현상

레닌, 김일성, 로베스 피에르 이 세 사람의 특징은 굶주린 백성을 위하여 혁명을 한 사람들이다. 그들은 배고픈 백성들에게 달콤한 유혹을 던졌던 인물들이다. 기득권 세력에 대항하여 새로운 세상을 꿈꾸었던 그들은 결국 혁명에 성공하자 공포정치로 반대 세력을 숙청하며 이전보다 더욱 독재의 정치로 국민들의 삶을 파괴한 인물들이다. 국민들의 삶은 이전 보다 더욱 가난해졌고 자유는 물거품이 되었다. 그러면 이런 현상은 왜 나타나는가?

2025년 뉴욕 시장 선거에서 34세의 진보 정치인 맘다니가 시장에 당선되었다. 그의 공약은 아파트 임대료 동결, 무상 버스 및 무상 보육 확대 등 저소득층을 향한 공약 일변도였다. 성장보다는 분배에 중점을 둔 그의 정책이 사람들로부터 선택을 받은 것이다. 가난하고 추운 사람들 입장에서는 무엇보다도 달콤한 유혹일 수도 있다. 자본주의 체제하에서 도태되는 사람들은 분명 존재한다. 그들의 아픔을 정부가 대변해 주고 보살펴 주는 정책은 반드시 필요하다. 문제는 일할 수 있는 능력이 있는 사람들한테까지 정부의 보조금이 들어가게 되면, 열심히 일하는 사람들에게 피해를 주게 되는 것이다.

열심히 일하면 누구든지 기회가 주어지는 사회가 자본주의 시스템이다. 미국 사회는 그런 시스템이 가장 발달한 나라이다. 열심히 일하면 절대 굶은 일이 없는 사회가 미국인 것이다. 일할 능력이 있는 사람에게도 선심성 지원을 하는 포퓰리즘이 경계되어야 하는 이유는 도덕적 해이를 방지해야 국가가 공정하게 발전하고 생산성이 높아지기 때문이다. 국가가 일하지 않는 사람까지 포함하여 포괄적으로 지원한다면, 전체적으로 근로 의욕의 상실은 물론 도덕적 해이만 키워서 전체 파이가 줄어들게 될 것이다. 그러한 포퓰리즘의 기교로 당선된 사람은 본인은 유익하지만 국가의 장래는 불행해지는 것이다.

누구에게나 공평한 기회가 주어지고 그 안에서 본인의 노력 여하에 따라 부와 명예가 주어지는 시스템이 자본주의이다. 2025년 기준으로 세계 최고 10대 기업 중에 1위부터 6위까지 미국 기업인데, 이들 모두가 스타트업 기업들로 본인의 노력에 의해서 일구어 낸 기업들이다. 부의 상속에 의한 것이라기보다는 기업가정신으로 일궈낸 결과물인 것이다. 정부가 우선적으로 해야 할 일은 무상분배와 같은 선심성 지원 정책보다는 새로움에 도전하고 그것을 성취할 수 있는 제도적인 뒷받침을 마련해 주는 것이다.

6장 Rule

룰을 지켜라

후진국일수록 룰에 대한 개념이 희박하고 질서가 잘 지켜지지 않는다. 멕시코에서는 경찰서장과 경찰들이 갱단의 총격을 받아 사망하는 사건이 빈번하며, 최근 20여 년간 마약 관련 폭력 사고로 인하여 45만 명이 희생될 정도로 치안이 부재하다. 이러한 폭력적인 사건들로 인하여 경찰서장에 지원하는 사람이 없고 갱단은 더욱 활개를 치며 국민은 무질서와 혼돈 속에서 불안한 삶을 이어 가고 있다. 이러한 무질서와 혼돈의 상태는 외국 투자자의 발길을 막고 관광 산업마저 위축시킨다. 투자가 부진하고 관광이 줄어들면 국민의 삶은 더욱 가난해지고 위축되는 것이다. 무질서와 폭력의 대가는 고스란히 구성원 모두에게 다시 되돌아가는 것이다.

이와 같이 법을 경시하는 사회는 무질서하고 이기심이 만연하는 사회가 될 수 있다. 법을 지키는 사람이 오히려 손해를 보게 되면 공정성이 훼손되고 경쟁력이 둔화된다. 룰은 인간의 이기심을 공정하게 통제하기 위하여 정한 규칙이다. 이러한 룰은 공동체에 속한 구성원 모두가 공평하게 적용받을 수 있도록 정한 것인데, 이 룰을 지키지 않는 것은 이기심을 드러내는 행위가 되는 것이다. 룰을 잘 지켜야 사회가 공정해지며 구성원 모두가 그 혜택을 골고루 받는 것이다. 역동적이며 발전적인 사회로 나아가기 위해서는 구성원 모두가 룰을 잘 지킬 의무가 있는 것이다.

무질서한 사회를 바로 잡기 위해서는 국민 모두가 의식이 깨어 있고, 정부는 이에 준하는 알맞은 시스템을 구축하고 실행해야 한다. 시스템이 아닌 사람들의 논리로, 지도자의 말 한마디로 즉흥적으로 정책이 시행된다면 효율성 없는 사회로 추락하게 될 것이다. 시스템이 잘 작동해야 경쟁력과 효율성있는 사회가 되는 것이다.

룰을 지키는 이유

룰이 존재한다는 것은 한 사람만 있는 경우는 성립될 수 없고 두 사람 이상이 있어야 성립된다. 나 혼자 있을 때는 룰이 필요 없고 나 하고 싶은 대로 하면 된다. 그렇지만 둘 이상인 경우는 공평성을 유지하기 위하여 서로에게 피해를 주지 않고 최고의 효율성 있는 대책이 필요한 것이다. 바로 그것이 두 사람 이상이 있는 사회에서 필요한 룰인 것이다. 만약 모르는 두 사람이 방 두 개와 화장실이 하나인 아파트에 임대로 함께 산다고 가정하자. 두 개의 방은 각각 쓰면 되지만 어느 한 사람이 화장실을 독차지하고 하루 종일 사용한다면 싸움으로 이어질 것이다. 그래서 두 사람이 시간을 정하고 각자의 시간에만 화장실을 사용하기로 룰을 정한다. 그런데 어느 한 사람이 이 룰을 어기고 본인만 여전히 혼자만 사용한다면 룰을 위반한 것이다. 이러한 룰 위반은 이기심의 표출인 것이다.

공동체는 룰을 필요로 한다. 각 개인의 이기심을 막고 모두에게 공평한 게임을 하기 위하여 룰을 정하는 것이다. 예를 들어 두 국가가 있는데 한 나라는 룰을 잘 지키는 신사도의 나라이고 다른 한 나라는 룰을 지키지 않는 무법천지인 나라가 있다고 할 때 어느 나라에 돈을 투자하고 함께 비즈니스를 하겠는가? 시장과 경찰서장이 갱단에 의해 무참히 살해당하는 그런 나라인가 아니면 법과 질서가 잘 지켜지는 나라인가? 이 질서와 룰은 그 집단에 속한 전부의 의무이기도 하지만 그 혜택과 권리 또한 각 개인들에게 돌아가기 때문에 지켜져야 하는 것이다.

직진하는 도로에 불법 주차한 차량을 피하다가 다른 차와 부딪혀 큰 사고를 당하는 경우를 보게 된다. 정작 불법 주차한 사람은 내 업무가 바쁘니 그럴 수 있다는 생각이지만 그 피해는 애매한 사람이 고스란히 뒤집어쓰게 된다. 본인 잘못으로 본인이 피해를 입는 것은 어쩔 수 없지만 제삼자가 영문도 모르게 피해를 입는 사회는 경쟁력 상실이라는 손실을 떠안게 된다.

노벨 경제학 수상자인 George A Akerlof는 신뢰를 잃은 시장은 저급한 상품만 남게 되고 고객들로 외면 당해 시장에서 퇴출된다고 주장하고 있다. 인간의 이기심으로 인하여 공동체는 무너진다는 의미인 것이다. 그래서 공동체에서는 이러한 인간의 이기적인 본성을 바로 잡기 위하여 질서와 룰이 필요한 것이다. 룰이 잘 지켜지는 사회는 효율성과 생산성이 향상되며, 그 과실은 사회 전 구성원에게 되돌아가는 것이다. 법과 질서는 나를 위한 것이기도 하지만 결국은 서로를 위하는 윈윈 게임이 되는 것이다.

기본을 지켜라

시인이며 수필가이며 목사인 로버트 풀검은 그의 저서 "내가 정말 알아야 할 모든 것은 유치원에서 배웠다(All I really need to know, I learned in kindergarten)"라고 한다. 이 책에서 저자가 주장하는 내용은 그야말로 단순하다. 남을 때리지 마라, 나누어 가져라, 신호등을 지켜라 등 단순한 내용들이다. 그런데 무려 이 책이 1988년 미국에서 출간되어 미국 뉴욕타임즈 베스트셀러 34주간을 차지하였고 전 세계 103개 국에서 31개의 언어로 번역되어 1700만 부가 팔렸다. 이기심으로 인하여 기본적인 룰조차 지키지 않는 인간들의 모습을 비판하고 있는 것이다.

비즈니스는 기본을 지키는 것에서부터 시작한다. 그 어떤 분야도 기본을 잘 지켜야 하는 것은 기본적인 사항이지만, 비즈니스는 특히 손님과의 관계에서 기본을 지켜야 신뢰가 쌓이게 된다. 기본을 지키지 않는 비즈니스는 고객으로부터 외면당하며 성장할 수 없게 된다. 고객과의 관계에서는 간단한 것조차 무시해서는 안 된다. 가령 오늘 4시까지 만나서 서류를 전달하기로 했으면 무조건 지켜야 한다. 이러저러한 변명으로 지키지 않으면 손님은 절대 더 큰 오더를 주지 않을 것이다. 신뢰는 로버트 풀검이 지적했듯 지극히 작은 것에서부터 시작되는 것이다. 작은 것을 무시하는 사람은 큰 것 또한 무시하게 되어 있다. 작은 일부터 기본을 지킬 때 비즈니스는 성장하고 단단해지는 것이다.

회사의 논리에 수긍하라

회사의 논리에 수긍하라. 회사의 논리에 수긍하라는 것은 조직에 충성하라는 뜻이다. 본인이 속한 조직에 사사건건 불만을 드러내는 사람은 회사의 정책에 수긍하며 동조할 리가 없다. 결국 이러한 부류의 사람들은 그 조직을 떠나는 수밖에 없다. 회사의 정책에 불만을 품고 반기를 드는 사람을 조직은 용납하지 않는다. 조직에서 살아남는 사람들의 특징은 회사 논리에 적극적으로 동참하고 지지하는 사람들이다. 회사의 논리에 수긍하지 않는 사람은 조직에서 소외되고 퇴보하는 것이다.

최고의 실력자는 회사의 논리에 수긍하며 기본적인 정책과 룰을 소중하게 여기는 사람이다. 회사 정책이 잘못된 부문이 있다고 생각되면 구체적이고 실행 가능한 대안을 제시해야 한다. 그렇지 않고 불평불만을 일삼으며 다른 사람들을 규합한다면 조직에서의 탈락은 기정 사실화되는 것이다. 회사의 논리를 존중하고 회사의 이익에 기여하는 사람이 조직에서 필요한 것이며, 그러한 사람들이 조직에서 승리하게 되는 것이다.

조지아 사태로 본 한국과 미국의 법 인식 차이

한국인 317명이 미국 조지아의 현대차 및 LG에너지 회사에서 미 정부로부터 구금당하고 1주일 만에 한국으로 추방되는 일이 발생했다. 이들은 대부문 B1 및 B2 비자 소지자들이었다. 한국 정부는 미국 측에 강력하게 항의하였으나 정부 차원의 법적인 조치를 취하지는 못하였다. 비자에 대한 법 해석 차이에서 비롯된 해프닝일 수 있다. B1 Visa는 Conferences(토론 정보 관련 대규모 회의), Meetings(사교적 모임), Contract Negotiations(계약 협상)과 관련된 비자이고, B2 VISA는 Tourist(여행자) 관련 비자이다. 그렇지만 한국에서 파견되어 그곳에서 일하고 있던 근로자들은 공장에서 조립 및 고급 기술과 관련된 업무를 하고 있었다. 외국인으로서 미국에서 정식으로 일하려면 H1 VISA가 필요한데, 이는 미국에서 일하면 정식으로 미국에 세금을 납부해야 함을 의미하는 것이다. 즉 한국 근로자들은 미국에서 생산적인 근로 활동을 했음에도 미국에 세금을 납부하지 않고 한국에 세금을 납부한 것에 대한 미국 행정부의 조치였던 것이다.

이러한 일이 발생한 배경에는 정확한 법규에 대한 인식 부족에서 발생할 수 있고 아니면 법 해석에 대한 차이에서 비롯될 수도 있다. 미국 정부 입장에서는 조지아에 한국 투자 공장을 유치하는 것은 현지에서 일자리를 창출하여 고용을 늘리고 고용된 근로자들의 세금을 징수하여 이익을 얻기 위한 것이다. 미국에서 일하는 근로자는 미국에 납세를 해야 한다는 것이 미국 정부의 입장인 것이다. 일은 미국에서 하는데 한국에 세금을 납부하는 것은 원래의 투자 유치 목적과 상반되는 것이라 판단하여 그와 같은 조치를 하였던 것이다.

이러한 법에 대한 인식의 차이로 인하여 조지아 사태와 같은 불미스러운 일이 발생한 것이다. 개인이든 기업이든 법을 존중하는 인식의 변화가 필요하며, 국제 관계에서는 보다 세밀한 판단이 요구되는 것이다.

7장 가치

가치를 전달하라

　손님에게 진정성 있는 서비스를 해야 한다. 립 서비스가 아닌 손님이 필요로 하는 것을 해결해주어야 하는 것이다. 서비스의 본질은 손님이 원하는 가치를 충족시켜 주는 일이다. 그러한 가치가 충족될 때 손님이 만족하는 것이며 고정 고객이 되는 것이다.

　고객과 신뢰 관계는 고객이 원하는 가치를 전달할 때 만들어지며, 그때 비즈니스는 연속성을 갖고 성장하게 되는 것이다. 비행기의 비즈니스석을 이용하는 사람은 이코노미석과 차별화된 서비스를 제공받기에 더 많은 비용을 지불하며 이용한다. 가격이 비싼 음식점을 이용하는 손님도 마찬가지로 비싼 가격만큼 가치 있는 음식을 제공받기 때문에 그 음식점을 이용하는 것이다.

　이와 같이 가치가 있는 곳에 소비자는 만족을 느끼며 그것에 합당한 비용을 지불하는 것이다. 소비자에게 알맞은 가치를 제공할 때 그 가치는 연속성을 갖게 된다. 비즈니스석을 이용하는 고객은 다시 비즈니스석을 구매할 것이고, 고급 식당을 찾는 손님도 다시 그 식당을 이용할 것이다. 가치의 연속성이 이어질 때, 비즈니스가 성장하며 안정기로 접어드는 것이다.

품질로 승부하라

루이뷔통 가방은 차량이 밟고 지나가도 바느질한 부문이 터지지 않을 정도로 제품이 단단하다고 한다. 고객의 충성도는 좋은 품질로부터 오는 것이다. 오늘날 루이비통의 명성은 그냥 얻어진 것이 아니고 철저한 상품 관리로 탄생되어졌다. 이러한 품질에 대한 신뢰는 제품에 대한 충성도로 이어지며 그러한 신뢰를 바탕으로 판매는 더욱 성장하는 것이다.

이러한 논리는 식당에서도 적용이 된다. 같은 메뉴를 파는 식당이 세 곳이 있다고 가정할 때, 손님은 맛있는 식당부터 찾을 것이다. 대전의 모 빵집은 주말 최대 7시간까지 기다린다고 한다. 이것이 가능한가 반문할 수 있으나 사실이다. 이처럼 맛이 있는 식당은 루이비통과 같은 신뢰를 갖게 되고, 소비자는 질 좋은 상품을 최우선 가치로 선택하게 되어 있다. 소비자의 욕구를 잘 파악하고 그에 준하는 높은 품질의 서비스를 제공하는 것이 시장에서 생존하고 번영하는 토대가 되는 것이다.

편의성 트렌드

지금은 "I"의 시대라고 한다. "I"란 AI와 IT의 "I"를 지칭한다. 여기서 Intelligence는 지능을, Information는 정보를 뜻하는데, 지능과 정보가 결합된 비즈니스가 시대의 아이콘이 된 것이다. 인공지능의 발달로 로봇이 일상생활에 깊이 침투하였고, 대규모 언어 모델을 기반으로 한 대화형 챗봇인 Chat GPT는 그 기능이 예술, 문화, 법률, 교육은 물론 작곡이나 시까지 대신 쓰고 있다. 또한 IT의 발달로 전 세계는 하나의 망으로 연결되어졌다.

이러한 편리함과 정보력을 바탕으로 인간의 삶은 더욱 편해지고 있으나 사고력 둔화나 운동성 부족등과 같은 문제들이 야기되고 있다. 이러한 기술들은 달이나 화성에 가서 무엇을 건설하는 것 같은 거대한 프로젝트가 아니고, 지극히 일상생활 속에서 소비자가 꼭 필요로 하는 편의성과 밀접한 연관이 있음을 알 수 있다. 사람들은 편리해질수록 더욱 편리함을 추구할 것이고, 많은 정보를 소유하면 할수록 더욱 많은 정보를 손쉽게 얻으려 할 것이다.

비즈니스의 방향과 트렌드가 바뀌어도 소비자가 본질적으로 원하는 가치는 변함이 없다. 그러한 가치를 지속적으로 찾아내고 제공하는 것이 비즈니스의 기본적인 역할인 것이다.

8장 지속성

처음이 어렵다

비행기가 처음 이륙하여 일정한 고도에 올라가기 전까지는 흔들림이 심하며 많은 에너지를 필요로 한다. 일정한 고도 위에 올라 간 후에야 비로소 안정을 되찾으며 정상적으로 전진하게 되는 것이다. 정상적인 비행이 시작된 후에는 비행하는 것조차 모를 정도로 조용해진다.

어떤 새로운 일을 시작할 때도 이와 비슷한 현상이 나타난다. 처음 시작이 낯설고 두려운 것은 거의 누구든지 겪는 어려움이다. 에너지도 많이 소요되며 수익도 잘 나지 않기 때문에 정신적으로나 경제적으로 침체를 겪을 수 있다. 그러나 이 기간을 잘 이기고 적응하게 되면 비행기가 일정 고도 위에서 흔들림 없이 안착하듯이 비즈니스 또한 안정적인 흐름을 이어갈 수 있게 된다. 특히 업종을 바꿔서 새롭게 도전하는 분야라면 더욱 어려움을 겪을 수밖에 없다. 이러한 시간을 잘 견디고 이겨 나가야 비즈니스가 안정기에 접어드는 것이다. 일정 기간의 흔들림은 안착을 위한 선제적 요인이며 이를 극복해야 비즈니스를 안정적으로 운영할 수 있는 것이다.

차돌

바닷가에 가면 예쁘고 멋진 차돌을 많이 볼 수가 있다. 겉으로 보기에 매끈해 보이는 이 차돌도 하루아침에 만들어진 것들이 아니다. 거칠고 날카로웠던 것들이 오랜 시간을 깨지고 넘어지고 굴러서 매끈한 아름다운 모습으로 변한 것이다. 수십만 아니 수백만 넘어지고 깨졌을 것이다. 그럴 때마다 다시 일어나며 험난한 시간을 견뎠던 것이다.

우리 삶에 있어서 무언가를 이루어낸다는 것도 차돌의 섭리와 비슷한 면이 있다. 하루아침에 이룰 수 있는 것은 복권에 당첨되는 일 외에는 없다. 복권에 당첨되는 것을 우리는 성공이라 부르지 않는다. 성공이라는 단어 뒤에는 차돌이 품었던 무수한 고난과 극복이 내재되어 있기 때문에 일시적인 운으로 얻어진 행운은 성공과는 거리가 먼 것이다. 자기 분야에서 무언가 성과를 내며 성취한 사람들은 목표를 이루기 위하여 오랜 시간을 인내하며 참았을 것이다. 그들이 일궈낸 성과물이 소중한 이유는 그 안에 성공이라는 이름의 가치가 내재되어 있기 때문이다.

몸짱

인기가 있는 배우들을 보면 멋진 몸매를 가진 몸짱들이 많다. 상의를 벗어던질 때 나타나는 배우의 멋진 근육은 시청자들의 시선을 단번에 사로잡을 것이다. 이러한 멋진 근육은 배우의 인기와 직결되기 때문에 많은 배우들이 그러한 근육을 만들기 위하여 시간을 투자하고 노력하게 된다. 이와 같은 근육질은 오랜 시간의 노력물이지, 한 순간에 만들어진 것이 아니기에 더욱 소중한 것이며 무엇 보다도 운동을 게을리 하면 만들어졌던 근육도 원래의 상태로 되돌아가게 되고 오히려 피부만 축 처지는 안 좋은 결과를 초래할 수 있다.

비즈니스도 이와 같은 속성이 있어서 꾸준히 노력하지 않으면 좋은 결실을 맺지 못하게 된다. 목표물을 향해서 꾸준히 실행하는 것이 중요한 것이다. 운동 몇 번 했다고 건강이 좋아지지 않듯이, 비즈니스 또한 며칠 반짝했다고 좋은 결과물이 도출되는 것은 아니다. 성공적인 비즈니스는 반복적인 훈련과 노력이 수반되어야 가능한 것이다.

명검

칼을 주 무기로 사용하던 시대의 명장들 중에는 명검 소지자들이 많았다. 연장이 좋아야 좋은 결과를 만들어 낼 수 있듯이, 명검 소지자가 전쟁터에서 더 좋은 실력을 발휘하는 것은 당연한 일이었을 것이다. 이러한 명검은 섭씨 1300도의 불길을 통과한 후에 만들어진다. 그 고열을 거치고 난 뒤에 비로소 명검으로서 가치를 인정받고 명장으로부터 선택을 받게 되는 것이다. 고려청자가 만들어지는 과정도 비슷하게 1150도 이상의 고온에서 구워진 뒤에 완성이 된다. 명검이나 고려청자의 탄생의 배경에는 고열이라는 혹독한 시련이 있었던 것이다. 혹독한 시련을 이겨낸 대가로 탄생한 것들이 명검이며 고려청자였던 것이다.

쉬운 일은 없다. 우리 삶의 긴 여정에는 늘 어려운 일이 존재한다. 이 어렵고 험난한 것들은 어찌 보면 명검이나 고려청자가 되기 위한 선제적 요건일 수도 있다. 공짜 점심은 없듯이 무언가 성과를 내기 위해서는 그에 상응하는 노력과 시간이 필요한 것이다.

9장 시간 관리

세일즈 시간의 유혹

세일즈를 처음 시작하면 시간이 많고 상대적으로 갈 곳은 별로 없다. 이 시점부터 시간에 대한 유혹이 시작되는데, 그 출발점은 당구장 같은 곳에서 시간을 허비하거나 고스톱 같은 노름에 손을 대는 것이다. 일정한 수입 없이 고스톱이나 당구장을 전전하면 공금을 유용할 가능성이 커지고 비즈니스에 대한 리스크가 확산된다. 시간이 많아서 오히려 시간의 소중함을 잊고 시간 관리에 실패하게 되는 것이다.

시간 관리의 실패는 저조한 실적으로 이어지고 저조한 실적은 낮은 수입으로 나타난다. 수입은 적은데 씀씀이가 늘어나게 되면 손쉬운 선택이 손님의 공금을 유용하게 되는 것이다. 공금 유용의 결말은 막다른 길목으로 달려가는 기차와 같다. 결말의 끝은 이미 정해져 있는 것이다.

세일즈 파트는 업무 분야와는 일의 성격이 다르다. 업무 파트는 처음부터 하는 일이 정해지지만 세일즈는 본인이 손님을 만들어야 업무가 시작되는 구조이다. 어느 정도의 손님이 있기 전까지는 고유 업무가 정해지는 것이 아니다. 그래서 쉽게 시간을 사용하고 무너지게 되는 것이다. 이를 방지하려면 일정한 지역을 본인의 개척 장소로 정하고 주기적으로 방문해서 본인의 영업 근거지를 만들어야 한다. 꾸준한 방문으로 손님을 늘리게 되면 업무가 바빠지게 되고 시간의 유혹으로부터 벗어나게 될 수가 있는 것이다. 시간을 잘 분배하여 관리해야 쓸데없는 곳에 낭비되는 것을 막을 수 있고, 효율성 있는 시간 사용으로 생산성을 높이게 되는 것이다.

효과적인 시간 활용

　오늘 당장 계약이 있기를 기대하지 마라. 그런 일은 쉽게 일어나지 않는다. 상품에 대하여 설명할 수 있는 손님을 창출해야 다시 만날 기회가 생기는 것이며, 꾸준한 접촉을 통해서 계약 체결이 이루어지기 시작하는 것이다. 하루하루 정해진 일정을 소화하며 손님과 접촉점을 늘리기 시작할 때 손님이 쌓이게 되는 것이다.

　손님이 쌓이면 손님과의 관계를 견고히 하는 것이 중요하다. 기존 손님을 통해서 새로운 손님이 창출되기 때문에 기존 손님에 대한 서비스가 중요한 것이다. 오전에는 기존 손님에게 전화나 이메일을 이용하여 필요한 정보를 제공하고, 요청한 사항들이 있으면 빠르게 해결해 주어야 한다. 점심시간을 유용하게 활용하는 것도 중요한 방법인데, 우대 고객 리스트를 작성하고 이들과 점심 식사를 함께 하며 관계를 돈독히 할 필요가 있다. 점심시간 이후에는 개척할 지역을 꾸준히 방문하며 새로운 가망 고객을 늘리는 작업을 게을리 해서는 안된다. 이러한 스케줄 관리는 매일 아침 출근해서 그날의 상황에 맞게 작성하여 실천하는 것이 효율적이고 능률을 향상하는 방법이 될 것이다. 오전에는 주로 기존 고객에게 시간을 할애하고, 오후에는 신규 고객 창출을 위한 시간 활용이 중요한 것이다.

　이러한 스케줄 관리가 어렵고 힘들 수 있지만, 그렇게 낙망할 시간이 있으면 움직이며 실행하는 것이 우선적으로 해야 할 일이다. 급하게 결과를 바라지 말고 하루하루 과정을 잘 실행하고 이겨내는 것이 필요한 것이다. 좋은 결과는 시간을 효율적으로 사용하고 꾸준히 실천할 때 나타나는 것이다.

복기를 하라

한 건의 거래가 끝나면 반드시 복기하는 습관이 중요하다. 무엇이 잘 되었고 안 되었는지를 분석하고 개선해야 한다. 복기는 바둑에서만 중요한 것이 아니다. 그날의 거래에 대한 성공과 실패 여부를 복기해서 분석하면 다음번에는 똑같은 실수를 줄일 수 있다. 복기를 하지 않는 비즈니스는 똑같은 실수를 반복하기 쉬우며 비효율적으로 시간을 낭비할 수 있다. 반복적인 실수와 비효율성을 줄이기 위하여 하루 업무가 끝나면 반드시 복기하고 개선점을 분석해야 한다. 이러한 복기하는 습관은 손님에 대한 분석력을 키우고 미래의 손님을 미리 찾아내는 효과가 있다.

메모를 하라

중요한 전화 및 대화는 메모하고, 메모방을 만들어 보관해야 한다. 특히 손님이 요청한 사항들은 빠짐없이 메모하고 정리하여 빠르게 해결하는 습관을 가져야 한다. 꼼꼼한 업무 스타일은 손님이 요청한 일에 대한 실수를 줄여 주며 손님으로부터 신뢰를 얻는 지름길이 된다. 손님이 주소 변경을 요청하였는데 일주일이 지나서 정리한다면 이미 그 손님으로부터 신뢰를 잃게 되는 것이다. 그날의 중요 사항들을 정리하고 메모하는 습관은 이와 같은 업무의 리스크를 줄여주며 손님으로부터 신뢰를 얻게 되는 계기가 되는 것이다.

통화한 날짜, 상담 내용, 보낸 정보들을 잘 정리해서 다음번에 만나거나 통화할 때 활용하면 손님과의 대화를 보다 효율적으로 이어가며 시간을 줄이는 효과가 있게 된다. 한번 이야기하거나 요청했던 사항들에 대하여 즉각적으로 반응하면, 손님은 본인이 귀하게 여겨진다는 느낌을 받게 되고 그것은 손님과 보다 발전된 관계로 나아갈 수 있게 하는 것이다. 이 사람에게 일을 맡기면 정확하고 확실하다는 인식을 손님이 갖게 될 때 비즈니스는 더욱 탄력을 받게 되는 것이다.

시간은 돈이다

벤자민 프랭클린은 시간은 돈이라고 했다. 시간을 허비하는 것은 돈을 낭비하는 것과 같은 것이며, 시간을 관리하는 것이 곧 돈을 관리하는 것이라고 보았던 것이다. 한정된 시간을 살고 가는 인간에게 시간만큼 중요한 것은 없을 것이다.

젊어서는 시간이 많아서 시간이 중요한 것을 잘 깨닫지 못하지만 나이가 들수록 오히려 돈보다는 시간이 소중해지는 것을 깨닫게 된다. 젊어서 시간 관리를 잘해야 노년에 자신만의 시간을 활용하며 살아갈 수 있게 된다. 그렇지 않고 젊어서 시간을 소비적인 것에 다 써버리면 노년이 되어서는 그 남은 시간도 생계와 관련된 곳에 시간을 써야 하는 어려움에 처해질 수 있다. 생계와 관련된 노년의 시간은 본인이 자유롭게 활용할 수 있는 시간이 아니고 남에 의해 지배받는 피동적인 시간이 되는 것이다. 이러한 것을 방지하기 위해서는 젊은 시절부터 시간에 대한 중요성을 깨닫고 시간을 생산적인 곳에 사용해야 한다.

젊은 시절의 시간은 노년기의 시간보다 능동적이며 생산성이 높기 때문에 보다 적극적으로 활용되어야 하는 것이다. 나이가 들수록 모든 기능이 떨어지므로 젊을 때의 효과적인 시간 활용이 중요한 것이다.

시간의 중요도에 따른 활용

　홈리스의 시간과 성공한 사업가의 시간은 그 유용성에서 크게 차이가 난다. 하루 24시간이 똑같이 주어졌어도 홈리스의 시간은 비생산적인 곳에 쓰일 것이고, 성공한 사업가의 시간은 분, 초를 쪼개서 중요한 곳에 쓰일 것이다. 할 일이 없는 사람은 남는 시간을 어디에 사용할지 몰라서 걱정이지만, 할 일이 많고 바쁜 사람은 어떻게 시간을 효율적으로 관리를 해야 할지 고민이 클 것이다.

　비즈니스가 바빠질수록 시간 분배의 효율성이 중요해지는 것이다. 시간이 부족해질수록 업무의 중요도를 설정하고, 그 중요도에 따라 시간을 분배해야 한다. 중요한 순서 대로 시간을 분배하고 사용해야 헛되게 쓰이는 시간을 줄일 수 있으며 시간 부족으로부터 탈출할 수 있게 되는 것이다. 업무 중요도와 상관없이 시간을 쓰면 늘 바쁘기만 할 뿐 성과는 별로 없게 되어 있다. 시간에 쫓기게 되면 업무의 집중력이 떨어지고 실수가 많아질 수 있다. 이러한 요인들이 반복되면 손님으로부터 신뢰를 잃게 되는 계기가 되는 것이다. 바쁘게 느껴질수록 차분하게 업무의 중요도에 따른 시간 분배표를 작성하고 그에 맞게 시간을 활용해야 시간의 부족 현상을 극복할 수 있게 된다.

고수에겐 신중함과 스피드가 있다

신중함과 스피드는 반대 개념이다. 신중한 사람은 느리고 빠른 사람은 실수가 잦다. 그러나 고수는 두 가지 기능을 동시에 실행한다. 어려운 일도 신중하게 빠른 시간 내에 처리하는 능력이 고수한테 있는 것이다. 계속적이고 반복적인 훈련을 통하여 극복되는 것이다.

미국 다저스 구단의 오타니는 투수도 일류 급이고 타자 또한 일류 급이다. 그러한 위치에 올라서기까지 오타니는 일반 선수가 할 수 없는 극한적인 훈련을 반복했을 것이다. 그 결과 만화에서나 볼 수 있는 선수가 된 것이다.

비즈니스에서 손님이 어떤 요구 사항이 있을 때 질질 끌며 해결하지 못하면, 손님으로부터 신뢰를 잃게 된다. 신속 정확하게 일을 처리해야 하는데, 그러한 능력은 업무에 대한 정확한 인식과 그에 따른 정확한 지식이 동반될 때 가능한 것이다. 업무에 대한 정확한 지식과 숙련됨이 없이는 신중함이 결여되고 스피드도 기대할 수 없게 되는 것이다. 빨리 처리하지만 실수가 잦다면 프로의 모습은 아닌 것이다. 빠르면서 실수 없이 처리하는 것이 진짜 프로의 모습인 것이다.

꿈을 가져라

10년, 20년, 그리고 30년 후에 무엇을 할지 계획을 세우고 준비해야 한다. 큰 그림을 그리고 그에 맞게 실행이 이루어지고 있는지 정기적으로 확인하고 점검해야 한다. 인생에 대한 장기적인 플랜이 없으면 작은 일에도 흔들릴 수 있다. 구체적이고 발전적인 계획이 있으면 어려움을 만나도 견딜 수 있는 힘이 생기고 쉽게 포기하지 않게 된다.

목적지 없이 차를 끌고 나오면 이리저리 헤매다가 교통사고를 당하기 십상이듯, 인생도 목적지 없는 삶은 지루하며 도전적이지 못하게 된다. 장기적인 큰 그림을 그린다는 것은 꿈을 갖는다는 것이다. 지치고 힘든 사람에게 꿈의 의미는 마라토너에게 산소와 같은 것이다. 꿈은 지치지 않고 보다 힘차게 전진할 수 있는 활력소가 되는 것이다.

SWOT Analysis 활용

SWOT는 Strengths, Weaknesses, Opportunities, and Threats의 약자로 비즈니스의 강점, 약점, 기회, 그리고 위험요소를 잘 분석할 수 있는 경영 기법이다. 이 기법을 사용하면 개인적으로도 강점과 약점을 파악하여 장점은 발전시키고 약점은 줄일 수 있게 된다. 또한 본인이 하고 있는 비즈니스에서 새롭게 얻을 수 있는 기회적인 요인을 파악할 수 있게 되고, 위협 요소는 줄이게 된다.

이러한 경영 기법의 활용은 손님과의 관계를 개선시키는데 도움이 되고, 시간을 보다 구체적이고 효율적으로 사용할 수 있게 도와준다. 또한 자신의 위치와 태도를 객관적으로 분석하게 되고 이는 궁극적으로 생산성 증가의 효과로 나타나게 된다. 비즈니스 현장에서 주기적으로 SWOT Analysis의 경영 기법을 사용하여 업무의 효율성을 높이는 것이 필요한 것이다.

10장 긍정적 태도

나는 생각한다 고로 존재한다

생각은 몸과 행동을 지배한다. 나는 생각한다 고로 존재한다는 데카르트의 말은 우리가 스스로 인식하고 끊임없이 생각하는 과정이 존재의 이유라는 의미이다. 자신의 내면에서 일어 나는 생각과 감정을 통해 본인의 존재 사유를 깨닫게 된다는 것이 데카르트의 사상인 것이다.

요즘은 대학에서 비인기 학과였던 철학과가 다시 조명을 받고 있다고 한다. AI가 발달하는 것에 대한 반사 작용일 수 있다. 학교에서도 학생들은 AI의 도움으로 정해진 정답을 빠르게 푸는 능력이 향상되고 있다고 한다. 문제의 본질을 파악하고 맥락을 통합해 판단 능력을 키우는 종합적 사고보다는 빠르게 자료를 수집하고 정리하는 기술이 향상되는 학생들이 늘어나고 있는 것이다.

각 분야에서 기존의 전문가들이 쌓아 놓은 지식을 AI는 빠르게 습득하고 정리하여 사람들에게 제공함으로써 사람들은 골치 아프게 더 많이 사고할 필요가 없어진 것이다. 이러한 반사 작용의 일환으로 철학적 사유가 조명을 받고 있는 것이다. 현재의 각 분야의 전문가들은 시간이 지나면 서서히 무대에서 사라질 것이고, 그 후에는 인류 문명 자체가 후퇴되고 전체적인 역량은 오히려 저하될 수 있다는 AI에 대한 부정적인 평가가 있다.

인간은 생각하는 동물이기에 기쁠 때 웃고, 슬플 때 울고, 어려움을 당할 때 함께 위로하며 나아갈 수 있는 것이다. 이러한 감정이 AI에는 없기에 로봇이 사람들의 삶의 반려자가 될 수가 없는 것이다. 편리하지만 사고가 부족한 AI는 종합적으로 생각하고 사유하는 인간의 보조물일 수밖에 되지 못하는 이유인 것이다. AI는 최고로 발달한 현대 문명의 파생물이지 스스로 사유하며 창조하는 창조물 자체는 아닌 것이다.

그러므로 인간의 삶에 있어서 중요한 것은 사유하는 힘이고 특히 긍정적으로 생각하는 힘이 매우 필요한 것이다. 긍정적인 사고의 힘은 긍정적인 행동과 밀접한 관계가 있으므로, 비즈니스에서 긍정적이고 유연한 사고를 갖는 것은 중요한 일인 것이다. 긍정적인 생각은 긍정적인 결과를 가져오는 역할을 한다. 좋은 생각이 사람과의 좋은 관계를 형성하고, 이는 비즈니스에서 좋은 결과로 나타나게 되는 것이다. 회사 정책에 긍정적으로 생각하고 참여하는 사람이 조직에서 보다 발전적으로 성장하는 것도 이와 같은 이유인 것이다. 어떤 조직이든 아웃사이더로 활동하면 퇴보의 길을 걷게 되어 있다.

데카르트의 사상 이면에는 아무리 로봇이 발달하고 편의성을 추구하는 시대일지라도 인간에게 있어서 사유하는 철학적 사고는 기본적이고 필수적인 것임을 다시 한번 보여 주고 있는 것이다. 급할수록 생각하며 가야 한다는 것이다.

생산적 행위의 전제 조건

생산적인 행동은 긍정적인 언어와 관련이 있다. 양로원의 어느 노인이 빨리 죽어야지 하며 매일 노래를 부르고 있다면 그 노인 앞에 우선적으로 다가오는 것은 죽음일 것이다. 부정적인 언어를 매일 뇌에 심어주면 이는 행동으로 이어지게 되어 있다. 매일 죽어야지 노래를 부르고 있는 노인이 무언가 새로운 것에 도전할 리도 없고 남과의 관계에서도 원만할 리가 없다. 그저 하루하루 원수 같다고 말하는 이에게 도전과 새로움과 배움은 없고 냉소적이며 부정적인 모습만 연출될 것이다.

부정적인 언어는 부정적인 마인드와 깊은 연관성이 있다. 부정적인 마음이 가득하다면, 부정적인 언어로 이어지고 결국은 부정적인 결과물로 나타나는 것이다. 남을 뒤에서 비난하는 사람들의 마인드도 실은 무언가 부정적인 생각으로 가득 차 있기 때문이다. 이 부정적인 언어는 관계를 파괴하고 스스로를 고립의 길로 인도한다. 남을 왕따시키는 행동은 절대 해서는 안 되지만 사람들로부터 따돌림을 당하고 있다면 그것 또한 따돌림을 당하는 사람의 잘못이 큰 것이다.

부정적인 생각을 바로 잡으려면 좋은 글이나 좋은 경영 서적을 많이 읽고 배우는 것을 게을리 하지 말아야 한다. 배움은 깨달음과 함께 긍정적인 사고를 길러 주며, 이 긍정적인 사고는 긍정적 행동의 선제적 요소가 되는 것이다. 특히 비즈니스를 하는 사람에게 있어서 긍정적인 언어 구사는 적극적인 업무 태도 및 생산성의 향상을 가져다준다. 이와 같이 긍정적인 사고는 긍정적인 언어와 밀접한 관련이 있는 것이며, 생산적인 행동을 하게 되는 선제적 역할을 하는 것이다.

정신력 강화 훈련

　말과 행동은 정신으로부터 시작된다. 정신적으로 사고가 정립되기 전에는 말과 행동이 실행되기는 쉽지가 않다. 담배를 피우는 사람이 막연히 금연을 하려면 실패하기 쉽다. 이럴 때는 담배의 효능에 대해서 공부해 보는 것도 좋은 방법이다. 담배에 대하여 열심히 공부하다 보면 좋은 점도 있지만 나쁜 점이 훨씬 많이 있음을 보게 된다. 그 나쁜 사례들을 계속해서 인식하다 보면 마음속에서 반응이 일어난다. 담배는 일시적인 안정을 주지만 그 폐해가 심각한 것을 서서히 깨닫게 되고, 그 깨달음으로 인하여 금연이라는 행동으로 옮겨 가게 되는 것이다. 정신적으로 깨닫고 이를 실천하는 훈련을 행할 때 어려움을 극복하고 그 터널에서 빠져나오게 되는 것이다.

　세일즈를 시작하는 사람은 예외 없이 두려움에 마주하게 되어 있다. 이 두려움을 극복하기 위해서는 세일즈에 대한 깊은 연구가 필요하다. 장점과 단점을 잘 구분해서 연구하다 보면 어떻게 해야 할지 방법을 찾을 수 있고 이는 두려움을 극복하는 요인이 된다. 이러한 일련의 과정들을 통하여 정신력을 강화시킬 수 있고, 어려움을 접할 때 시도하면 큰 효과를 거둘 수 있게 되는 것이다. 정신적으로 강하게 무장되면 어려운 난관을 만나도 쉽게 무너지지 않으며, 긍정적으로 일을 추진할 수 있는 힘을 얻게 되는 것이다. 정신력 강화 훈련은 힘든 세일즈를 이겨내는 기본적인 밑바탕이 되는 것이다.

해결점을 찾아라

어떤 일을 시작할 때 부정적인 이야기를 먼저 꺼내는 사람들이 있다. 안 된다는 이야기를 먼저 하다 보면 문제점만 부각되고 해결 방안은 뒷전으로 밀린다. 문제점을 지적하기 전에 해결책을 찾는 습관을 길러야 한다.

불평불만은 해결점을 찾는 대안이 될 수 없다. 불평불만이 많은 조직은 일을 보다 복잡하게 할 뿐 생산성이 낮아지게 되어 있다. 해결할 수 있다는 확신을 가질 때 문제 해결의 실마리가 생기고 그에 대한 대비책을 마련할 수 있게 되는 것이다. 해결할 마음이 없는데 행동으로 옮겨지기는 쉽지 않은 것이다.

가는 곳을 정해야 기차로 가든 버스로 가든 할 수 있듯이 목표하고자 하는 일에 대한 방향을 정하고 각각의 장단점을 잘 분석해서 해결의 실마리를 푸는 연습을 해야 한다. 이러한 연습은 어려운 일에 봉착해도 침착하게 해결하는 능력을 길러 준다.

사람을 상대하는 일은 늘 어려울 수 있다. 어렵다고 투정만 하고 있으면 해결될 수 있는 것은 아무것도 없다. 불평할 것이 아니라 슬기롭게 해결할 수 있는 열린 마음이 있어야 한다.

앞으로 나아가는 열차는 달리는 만큼의 바람을 만나게 되어 있다. 그 바람이 두려워 나아가지 못하면 목적지에 도달할 수가 없는 것이다. 역풍이 두려워 일을 추진하지 않는다면 문제점만 지적하는 사람이 될 것이다. 늘 긍정적인 자세로 해결점을 찾으려 노력할 때 문제는 해결되는 것이다.

칭찬하며 배워라

조직 안에서 일 잘하는 사람을 칭찬하는 습관을 가져야 한다. 일 잘하는 사람을 비방하는 순간 본인의 입지는 약해지며 좁아진다. 누구에게나 단점이나 약점은 있다. 약점을 파고들어 비방하는 순간 본인의 공간은 줄어들며 사람들로부터 견제를 받기 시작한다. 남을 비방하는 사람은 언젠가 그 화살이 나에게도 올 수 있음을 알고 경계하는 것이다. 이러한 경계심으로 인하여 남을 비방하는 사람은 조직에서 외톨이가 되는 것이다. 단점을 지적하기 전에 좋은 점을 배워서 본인 것으로 만들어야 한다.

칭찬하며 배우는 태도는 본인을 한 단계 더 상승시키게 될 것이다. 손님과의 관계도 비슷하다. 손님의 약점을 파고드는 순간 손님과의 관계는 단절된다. 손님의 좋은 점을 찾아내어 칭찬하고 배울 때 관계가 돈독해지며 발전적인 방향으로 성장하는 것이다.

넘어지는 이유

조깅을 시작하면서 세 번을 길 위에서 넘어졌다. 미국 LA는 도로의 나무들이 보도 블록으로 튀어나와 있는 곳이 많아서 밤에 조깅을 하다 보면 균형을 잃고 넘어지기가 쉽다. 그런데 시간이 지나면서 넘어지는 일이 없어졌다. 도로 상황은 그대로인데 더 이상 넘어지지 않는 이유는 그동안 하체 근육이 강해져 있었기 때문이다. 도로 탓만 하던 생각이 틀렸던 것이다.

세상은 늘 불편하고 불공평해 보일 수도 있다. 내가 무언가를 열심히 많이 했는데도 성과가 기대치만큼 이루어지지 않아 불만일 수가 있다. 세상이 뭔가 이상해 보이는 것이다. 그런데 가만히 들여다보면 나한테 더 원인이 클 수가 있다. 세상은 늘 그렇게 부정하고 불평등하게 보일 수도 있는데 그건 세상 탓하는 시선이고 나의 쪽에서 원인을 찾아보면, 어려움을 이겨내고 극복할 힘이나 실력이 없어서 발생하는 문제일 수가 있는 것이다.

세상이 불공평하다고 백날 외치고 있어도 변하는 것은 없다. 내가 먼저 바뀌고 그 해결책을 찾는 실력을 길러야 한다. 조직 내에서도 어떤 문제가 상충될 때에 문제의 원인이 상대방에 있지 않고 나한테 있을 수 있다는 열린 마음을 갖고 유연하게 대처하는 것이 필요하다. 열린 자세로 대화하고 한 발 물러서서 객관적으로 문제점을 조율해 나갈 때 상생의 해결점을 찾게 되는 것이다. 오로지 나는 옳고 상대는 잘못되었다고 주장하고 있으면 늘 평행선의 충돌만 있게 되는 것이다.

부정의 생각에서 빠져 나와라

인간은 누구든지 머릿속에 부정적인 집 한 칸 정도는 짓고 살아가고 있을 것이다. 무언가 잘 안 된다는 부정적인 생각에 괴롭힘을 당하며 살고 있는 것이다. 이것은 이래서 안 되고, 저것은 저래서 안 되는 이유가 끊임없이 솟아날 수 있다. 그러나 그러한 부정적인 생각에 사로잡혀 있으면 일을 시작하기도 전에 의지가 꺾여 버릴 수가 있다. 부정적인 생각은 일을 아예 출발도 못하게 막아 버리는 장애물이 되는 것이다.

출발이 없으면 어떠한 목적지에도 도달할 수가 없다. 중도에 발생할 수 있는 실수도 출발을 해야 일어나는 것이다. 실수가 두려워 출발조차 못하면 어떤 성과도 일어나지 않는 것이다. 출발을 해야 어디든지 가게 되는 것이고, 도중에 실수가 있더라도 극복하며 목적지에 도달하는 것이다. 그러므로 이러한 부정적인 생각이 거주하고 있는 집을 속히 허물어야 한다. 그 부정적인 집을 허물고 그곳에 긍정의 집을 새로 쌓아야 한다.

세일즈의 세계는 더욱 그러하다. 해보지도 않고 안될 것 같은 생각에 사로 잡혀 있으면 판매는 이루어질 수 없게 된다. 부정이라는 생각의 집에서 빠져나와 긍정의 터널로 향할 때 일은 비로소 시작되는 것이다.

눈빛이 살아 있어야 한다

눈빛이 살아 있다는 것은 눈을 부릅뜨라는 의미가 아니고 일에 대한 열정이 살아 있어야 한다는 뜻이다. 일에 대한 열정이 살아 있는 사람은 당연히 눈빛이 초롱초롱 빛나며 매사에 적극적일 것이다. 열정적인 사람이 더 큰 성과를 올리는 것은 당연한 일인 것이다.

부모가 시켜서 마지못해 도서관에 앉아 있는 학생은 그저 시간만 때울 뿐 학습 효과는 미미할 것이다. 무엇보다도 본인이 먼저 하고자 하는 확실한 의지가 있을 때 열정이 생기는 것이며, 그러한 열정을 발판 삼아 앞으로 전진하게 되는 것이다. 확실한 의지는 하고자 하는 일에 대한 확실한 동기부여가 주어질 때 시작된다. 이 일을 왜 하는지 왜 이 자리에 있는지 깨달을 때 동기부여가 되는 것이며, 주체적으로 일을 시작하게 되는 것이다. 그저 자리를 지키기 위하여 그 자리에 앉아 있다면 따분하며 지루할 것이다. 확실한 동기 부여가 없거나 미래에 대한 설계가 부족할 때 번아웃이 빨리 찾아오고 지치게 되는 것이다.

높은 위치에 있던 사람이 영업을 시작하면 이미 높은 위치에 있었던 경험 때문에 보통의 사람 보다 동기부여가 약할 수 있다. 동기 부여가 부족한 사람은 주체적으로 일을 수행하는 것보다는 남의 눈치를 살피게 된다. 남의 눈치를 살피는 눈빛은 살아 있는 눈빛이 아니고 죽은 눈빛일 수 있다. 죽은 눈빛은 일에 대하여 수동적이고 비판적으로 반응한다. 성과는 떨어지고 비능률적으로 흐르는 것이다. 살아 있는 눈빛을 되찾기 위해서는 일을 하는 동기가 확실해야 하며 그에 대한 열정이 있어야 하는 것이다.

과거의 왕국을 탈출하라

과거의 왕국에서 탈출한다는 것은 과거의 소중한 경험과 단절하라는 뜻이 아니고 그 소중한 경험을 미래로 향하는 자료로 사용하라는 의미이다. 과거의 영광이 너무 커서 그 그늘에 가려져 있으면 미래로 선뜻 나아가지 못하게 된다.

역사는 미래로 나가는데 필요한 나침반이지, 과거의 영광을 뽐내는데 쓰이는 도구가 아니다. 새로운 일을 시작할 때 과거의 높은 지위가 새롭게 시작되는 일에 장애가 될 수가 있다. 이럴 때 필요한 것은 낮아지는 마음이다. 변한 상황에 맞추어 행동하는 자기 조절 능력이 필요한 것이다.

과거의 경험은 일종의 사진첩이다. 사진첩은 경험이지, 상황이 변한 현재의 본인의 능력을 입증하는 증거물이 아니다. 중요한 것은 과거의 소중한 경험을 살려 새로 시작하는 일에서 말이 아닌 능력으로 증명하는 것이다. 과거에 어떤 업적을 아무리 자랑해도 현재의 위치에서 그 능력을 발휘하지 못하면 인정해 주는 사람은 없다.

과거의 영광을 미래로 나가기 위한 동력으로 변화시키는 노력과 새로움에 적응하는 열린 마음이 필요한 것이다. 세상은 빨리 변화하고 있는데 잘 나갔던 과거의 이야기만 하기에는 시간이 아까운 것이다. 최소한의 과거의 위치로 되돌아가고 싶다면 과거의 우물을 파지 말고 미래의 우물을 파야 하는 것이다.

성과를 내는 사람의 특징

불평불만을 자기 합리화의 방법으로 사용하면 좋은 결과물은 도출되지 않는다. 회사는 늘 무언가 잘못하고 있다고 불평을 일삼는 사람은 업무에서 성과를 올리기 어렵고 도태된다. 현재의 상황에서 성과를 내지 못하는 사람은 다른 부서나 다른 회사로 옮겨가도 성과를 내지 못할 가능성이 크다. 일반적으로 현재 일하고 있는 곳에서 탁월한 성과를 올리는 사람이 다른 곳으로 이동해도 성과를 올리게 마련이다. 현재의 성과를 바탕으로 차후에 하는 일들도 추진력을 얻게 되기 때문이다.

성과를 내지 못하는 사람들은 보통 심리적으로 위축되어 있고 본인은 잘 못한다는 자조적인 발언을 자주 한다. 그러한 위축된 심리와 언어가 조직에서 뒤처지는 요인으로 작용한다. 그러한 생각으로 일을 대하는 사람은 다른 곳으로 옮겨 가도 성과를 올리기가 어렵다는 것이다. 현재의 위치에서 일 잘하는 사람이 다른 곳으로 옮기거나 창업을 해도 성과를 더욱 올리는 것이다.

성공하는 사람들의 특징은 일을 복잡하게 생각하지 않고 목표하는 지향점을 향해서 적극적으로 달려간다는 것이다. 부정적인 말은 삼가고 성공시킬 방법을 찾으며 그냥 밀고 나가는 모습을 볼 수 있다. 이게 되겠어라는 자조적 발언을 하지 않는 대신 실행 가능 한 방법을 찾으며 한 방향으로 달려가는 것이다.

두려움에서 벗어나라

세일즈의 시작은 두려움이다. 어디서 어떻게 풀어야 할지 두려움의 연속이다. 처음 시작하면 사람과의 대화도 두려울 수가 있다. 그런데 어떻게 판매를 하고 성과를 올려야 할지 막막할 수 있다.

세일즈에 대한 두려움은 누구든지 예외가 없다. 이 두려움은 사람들과 만나서 대화를 하며 상품 설명을 하기 시작하면 점차 해소될 수 있다. 사람과의 만남은 모르는 곳에서부터 시작되어야 한다. 세일즈를 처음 시작하면 두려운 나머지 아는 사람을 찾아다닐 가능성이 높다. 이것은 엄격히 표현하면 세일즈가 아니다. 아는 사람한테 상품 설명하는 것과 모르는 사람한테 상품 설명하는 것은 큰 차이가 있다. 아는 사람한테는 편하고 쉽게 판매를 강요하듯 설명을 할 수도 있지만, 모르는 사람한테는 그렇게 해서는 안 되는 것이다.

잘 정리된 매뉴얼을 가지고 최고의 상품 실력으로 설명을 잘해야 한다. 이러한 경험이 쌓일 때 세일즈는 점차 안정기에 접어들게 되는 것이다. 모르는 곳에서 모르는 사람한테 설명하는 것이 진짜 실력인 것이다. 이런 실력이 붙으면 두려움은 해소되고 어느새 본인도 모르게 자신감이 마음 한가운데 자리하게 되는 것이다.

반찬 투정하는 아이

반찬 투정하는 아이는 마켓에 보내서 직접 장을 보게 하면 그 투정하는 버릇을 고칠 수 있다. 본인이 마켓에 가서 반찬을 고르게 되면 별로 살 것이 마땅치 않음을 깨닫게 된다. 더 이상 반찬 투정하는 것이 설득력이 없음을 알게 되면 투정하는 것을 멈추게 되는 것이다.

조직 내에서도 능력은 있는데 남의 탓이나 남의 부서의 잘못만 끄집어내는 사람이 있으면, 그 부서로 파견하여 업무를 수행케 하면 그 버릇이 고쳐질 수 있는 기회가 된다. 그에 걸맞은 책임과 권한을 주고 경험을 쌓게 되면 다시 발돋움할 수 있는 계기가 되는 것이다.

일반적으로 개인 사업의 경력이 있는 사람이 회사 경영에 협조적이고 긍정적인 것은 이는 본인이 직접 사업을 운영하며 겪었던 어려움을 알고 있기 때문인 것이다. 불평하는 습관은 역지사지의 실행으로 치유가 가능해질 수 있으므로 그에 맞는 프로그램의 시행이 필요한 것이다.

에이전트의 언어

에이전트의 언어는 차분하고 예리한 분석력을 바탕으로 이루어져야 한다. 에이전트는 상품에 대한 지식 없이 손님과 일상적인 대화만 나누어서는 안 된다. 손님에게 알맞은 상품을 추천하고 전문적인 지식으로 상세히 설명할 수 있어야 손님의 호응을 이끌어 내고 계약으로 결실을 맺게 되는 것이다.

아마 3급의 바둑 실력을 가진 사람이 프로 1단의 실력자에게 바둑에 관한 내용을 상담해 줄 수 없듯이, 세일즈 역시 상품에 대한 해박한 지식이 없으면 손님에게 판매가 불가능해지는 것이다. 손님을 리드할 수 있는 전문적인 지식을 갖출 때 에이전트로서 자격이 있는 것이며 그러한 지식을 바탕으로 확신 있는 어조로 상담에 임할 수 있어야 하는 것이다.

한국축구의 고질적인 문제는 골 결정력이 부족한 것이라고 한다. 축구는 골을 더 많이 넣는 팀이 이기는 경기이다. 아무리 드리블을 많이 하고 다녀도 골을 넣지 못하면 게임에서 지는 것이다. 골을 넣지 못해 경기에서 패배한 것은 결국 실력이 없다는 의미이다.

세일즈에서도 손님은 만나고 상담은 하는데 계약으로 성사되지 못하고 있다면 전문적인 지식이 부족해서 생기는 현상일 수 있다. 축구에서 골을 못 넣어 게임에서 진다면 골 잘 넣는 연습을 충분히 해야 극복할 수 있듯이, 세일즈에서도 계약이 성사하지 못하고 매번 실패하고 있다면 클로징에 대한 기법을 좀 더 연구하고 준비해야 한다. 손님을 만나기 전에 손님에 대하여 분석하고 그에 맞는 자료를 준비하여 예비 리허설까지 마치고 상담에 임해야 계약을 성사시킬 수 있는 것이다.

일은 바쁜데 계약이 부진하다면 손님을 대하는 언어나 태도에 문제가 없는지 혹은 기본적인 상품 실력이 없거나 준비가 안 되었는지 잘 점검하고 손님과 상담에 임해야 하는 것이다. 손님을 잘 리드하려면 질 좋은 서비스는 기본이고 손님에게 필요한 상품을 잘 선정하여 정확하게 설명할 수가 있어야 한다. 일에 대한 성과가 안 나타날 때 종종 본인 수당을 손님에게 되돌려 주는 방법을 사용하는 경우도 있는데, 이는 가장 삼가야 할 행동인 것이다. 계약에 성공할 수 있는 실력을 향상하는 것이 우선적으로 해야 할 일인 것이다.

11장 성실 & 정성

이창호 9단을 이기는 방법

바둑판의 눈금은 361개이다. 바둑 18급이 이창호 9단을 상대하여 게임에서 이기는 방법이 있다면 바둑판 반에 해당하는 181개의 흑돌을 깔고 경기에 임하면, 아무리 실력이 뛰어난 이창호 9단이라 할지라도 바둑 판 반을 내주고 경기에서 이길 수는 없을 것이다.

조직 내에서도 일을 처리하다 보면 상대적으로 능력이나 속도에서 뒤처지는 사람이 있을 수 있다. 이러한 사람들은 바둑에서 고수와 게임을 할 경우에 흑돌을 깔고 접바둑에 임해야 하듯이, 더욱 많은 노력을 해야 극복할 수 있다. 능력이 부족한 만큼 더 열심히 일을 해야 극복되는 것이다. 거북이가 포기하지 않고 꾸준히 달리면 토끼를 추월한다는 우화가 있듯이 꾸준하게 성실히 임하면 어려움을 극복하고 좋은 결과를 도출해 낼 수가 있는 것이다. 아무리 뛰어난 상대라도 성실하고 꾸준하게 최선을 다하는 사람한테는 당해낼 수가 없는 것이다. 능력도 떨어지고 성실하지도 못하다면 좋은 성과는 없는 것이며 조직 내의 본인의 입지 또한 불안정해지는 것이다. 부족함을 채우는 제일 좋은 방법은 보다 성실하게 열심히 하는 것이다.

쥐포 이론

예전에는 극장 앞에서 쥐포를 구워 파는 일이 흔하였다. 극장 앞에서 파는 쥐포는 연탄 불에 빨리 굽기 때문에 많이 타서 많은 부문을 먹지 못하고 버려야 했다. 반면에 집에서 가스 불에 굽는 쥐포는 버리는 부문 없이 거의 다 먹을 수 있었다. 극장 앞에서 구웠던 쥐포와 집에서 구웠던 쥐포의 차이는, 일을 할 때도 정성과 성의에 따라서 결과가 많이 차이가 난다는 것을 보여 주는 것이다. 극장 앞에서 쥐포를 굽는 사람은 시간에 쫓겨서 대충대충 쥐포를 구워서 팔았던 것이고, 반면에 집에서 쥐포를 굽는 사람은 본인이 먹을 음식이기에 정성껏 타는 부문 없이 노릇노릇하게 맛있게 구웠던 것이다.

손님에게 서비스할 때도 자기가 먹을 쥐포를 굽듯이 성심껏 해야 한다. 성심성의껏 일을 할 때 고객과의 신뢰도가 쌓이는 것이며, 최고의 성적을 거둘 수 있는 것이다. 대충대충 일하는 프로는 어디에도 없는 것이다.

압박 축구

손님에 대한 서비스는 빈틈없이 해야 한다. 빈틈없이 서비스한다는 의미는 축구에서 압박 축구하듯 손님과 밀착되어 있어야 한다는 것이다. 손님의 요구 사항이나 질문들에 대하여 빈틈없이 꼼꼼하게 응대하고 신속히 처리해야 한다. 손님에 대한 서비스가 즉시 해결되지 않으면 손님과의 관계는 소원해지게 된다.

손님은 선택지가 많은 것이 특징이다. 선택지가 많다는 것은 얼마든지 거래처를 바꿀 수 있다는 의미이다. 소비자 입장에서는 서비스의 질이 나쁜 곳과 더 이상 비즈니스를 함께 할 필요가 없는 것이다. 이러한 비즈니스의 특성을 잘 파악하고 질 좋은 서비스를 손님에게 제공해야 비즈니스가 성장하는 것이다.

독점적 지위에 있는 상품이 아닌 이상 손님은 늘 거래처를 바꿀 수 있는 것이다. 손님이 설사 이탈하지 않는다고 하여도 관계는 소원해지며 더 이상의 손님 소개와 같은 발전적인 구조는 없어지는 것이다. 손님의 필요한 부문을 늘 체크하고 즉시 해결할 때 비즈니스는 발전하고 성장하는 것이다.

12장 상대의 수를 읽어라

Understand

Understand는 문자 그대로 해석하면 누군가의 아래에 서는 것을 의미한다. 상대방 아래 위치하고 있을 때 상황을 이해하고 파악할 수 있는 것이며, 상대방 위에 서게 되면 현상 파악이 힘들게 된다는 의미를 내포하고 있는 것이다.

세일즈에 이 원리를 적용하면 상품 판매는 인맥이나 강요로 이루어져서는 안 되는 것이며 손님이 필요로 할 때 상품을 잘 이해시키고 그에 합당한 서비스를 제공해야 한다는 뜻이다. 인맥으로 혹은 강요에 의해서 어쩔 수 없이 물건을 구입한다면 이는 Under-stand의 행위가 아니고 상대방 보다 위에 서 있는 Upper-stand가 되는 것이다. 이러한 판매는 종종 불완전 판매로 이어지고 추후에 민원이 제기되거나 상품 구입 해지로 이어질 가능성이 커지게 된다. 손님이 구입하고자 하는 상품에 필요성이 있고, 이에 대한 전반적인 상황을 손님이 잘 인지하고 있을 때 완전 판매가 되는 것이다.

세일즈는 손님이 이해할 때까지 자세히 설명해 주어야 하며, 계약이 이루어지지 않을 것을 걱정해서 손님을 압박하거나 강요해서는 더 안 좋은 결과를 가져오게 된다. 세일즈는 물 흐르듯이 이루어져야 뒷 탈이 없는 것이다. 강요에 의한 판매는 일시적으로 승리할 수 있으나 긴 시간을 놓고 보면 실패하게 되어 있다. 손님에 대한 올바른 이해가 필요한 것이다.

고스톱

고스톱에서 돈을 제일 많이 잃는 사람들의 유형은 상대방의 수를 보지 못하고 자기 패에만 열중하는 사람들이다. 자기 패만 보는 사람은 상대방에게 역으로 본인의 패를 들킬 수 있어서 돈을 잃게 되는 확률이 커지는 것이다.

손님과의 관계에 있어서도 손님의 수는 읽지 못하고 자기 쪽에만 유리하게 비즈니스를 진행한다면 실패로 이어질 확률이 커지는 것이다. 손님이 원하는 것을 도와주는 것은 비즈니스의 기본이다. 본인의 것을 더 많이 챙기기 위해서 손님을 이용하면 그 비즈니스는 오래가지 못한다. 손님이 나중에라도 불이익을 당한 것을 알게 되면 관계는 끝나게 되어 있다. 늘 상대방을 헤아리는 관점이 필요하며 그것에 맞추어 비즈니스를 진행해야 비즈니스가 성장하게 되는 것이다.

비즈니스는 상대방을 보는 게임이다. 손님이 원하는 것을 잘 파악하여 그에 알맞은 서비스를 해야 성장하고 발전하는 것이다. 본인 패만 보는 습관에서 벗어나야 하는 이유인 것이다.

탁구 게임

사람과의 관계는 친목으로 하는 탁구 경기와 비슷하다. 넘겨준 볼을 상대방이 잘 받아 주고 상대방이 보내 준 공을 또 잘 받아서 넘겨줄 때 플레이가 오래 지속될 수가 있는 것이다. 나의 볼만 힘차게 쳐대면 상대방은 잘 받아 내지 못하고 게임은 재미없어지게 된다. 상대방 입장에서는 더 이상 재미없는 게임을 계속하려고 하지 않을 것이다.

사람과의 관계나 비즈니스 역시 탁구 게임과 비슷한 속성이 있다. 나의 것만 중요시하여 상대방을 소홀히 여긴다면 비즈니스는 오래가지 못할 것이다. 일상적인 관계에서도 본인 것만 챙기는 사람들은 상대방과 금세 소원해질 수 있다. 좋은 관계란 탁구 경기에서 처럼 서로 볼을 정성껏 받아줄 때 형성되는 되는 것이다. 일방적인 게임은 존재하지 않는 것이다.

손자병법

춘추시대 손무의 병법서인 손자병법은 "싸우지 않고 이기는 법"을 강조하고 있다. 손자의 부하가 "저 산에 적병이 있는데 어떻게 하면 좋겠습니까?"라고 묻자, 손자는 "저 산을 돌아가라"라고 답변하고 있다. 아이러니하게도 손자는 전쟁은 피하는 것이 상수라는 것이다. 전쟁으로 인하여 얻는 이익이 있다고 하더라도 피해는 반드시 있는 것이기 때문에 전쟁은 피하는 것이 상책이라는 것이다.

최근 우크라이나와 러시아의 전쟁은 몇 년 동안 진행되면서 많은 국토의 파괴 및 수많은 인명이 살상되고 삶의 터전을 잃은 국민들이 고국을 떠나 힘든 생활을 하고 있다. 우크라이나에 남아 있는 국민들이 원하는 것도 어떤 큰 것을 바라는 것이 아니라 일상의 삶으로 돌아가고 싶다는 것이다.

비즈니스에서도 손님이 원하는 것을 잘 파악하고 서비스해야 한다. 불편한 서비스로 인하여 손님과 충돌한다면 그 피해는 생각보다 심각해진다. 전쟁은 피하는 것이 상책이라고 언급하였듯이, 비즈니스에서 손님과의 충돌은 어떤 경우에도 득보다는 실이 많다. 손님이 원하는 것을 미리 체크하고 그에 맞는 적절한 서비스를 진행한다면 충돌은 피할 수 있을 것이다. 손님과의 관계에서는 지는 것이 이기는 것이다.

13장 경제와 윤리

유효수요 이론 vs 통화주의 이론

현대 경제학에 가장 큰 영향을 끼친 인물로는 케인즈와 밀턴 프리드먼을 뽑을 수 있다. 케인즈는 실질적으로 생산성 있는 곳에 정부가 재정을 투입해야 한다고 주장하였는데 "빈 병을 땅에다 파묻고 정부가 사람을 고용해 빈 병을 다시 파내라"와 같은 상충된 발언을 할 만큼 정부의 역할론을 강조하였다. 팬더믹 이후에 각국의 정부가 경기 활성화 방안으로 재난 지원금을 국민에게 지급한 정책은 케인즈의 유효수요 이론에서 비롯되었다. 실제 구매력을 동반한 유효수요를 확보하기 위하여 정부가 재정 정책으로 경기를 부양해야 하며 적극적으로 공공사업 같은 분야에 지출을 늘림으로써 소비와 투자를 활성화시켜 경기 침체와 실업을 막아야 한다고 주장하였다. 1930년대 뉴딜 정책이나, 1960년대 케네디의 정부 재정 확대 및 세금 인하 정책이 실제 정책에 반영된 케인즈의 이론들이다.

이에 반하여 밀턴 프리드먼은 정부의 지나친 재정 개입은 비효율을 초래할 수 있고 통화량 증가는 인플레이션을 유발하는 요인이므로 시장은 시장의 원리에 맡겨야 한다고 보았다. 밀턴의 이러한 시장 원칙론적인 입장은 2008년 리먼 브라더스의 모기지 파동이 발생하자 많은 경제학자들로부터 정부가 제 역할을 못하여 발생한 일이라고 공격을 받기도 하였다. 팬더믹 이후 각 나라 정부들이 경기 침체를 막기 위하여 재정 확장 정책을 실시하여 인플레이션을 유발하였고, 이를 해결하기 위하여 금리를 올려 시중에서 돈을 흡수한 정책은 이 두 경제학자의 이론이 실제적으로 우리 일상생활에 크게 작동하고 있음을 보여 주는 것이다.

정부의 재정 확대 정책은 인플레이션을 유발하여 자산 소유자들에는 자산 가치의 상승으로 더욱 부유하게 되고, 실물 자산을 소유하지 못한 사람들은 통화 가치 하락으로 더욱 가난해지는 모순이 케인즈의 유효 수요 이론에서 나타나고 있다. 정부의 역할 중에서 가난하고 소외된 사람들에게 재정을 투입하는 복지 정책은 반드시 필요한 것이지만, 노동력이 있는 사람들에게도 보조금을 주어서 경기를 부양한다면 그에 따른 부작용도 함께 따라오는 것이다. 일하지 않고 돈을 받는 현상이 고착화되면 생산성 약화와 비능률이 초래되고 도덕적 해이 현상이 만연하게 된다. 동시에 부의 편차도 심화되는 것이다.

경영과 윤리의 혼동

　경영은 효율성을 추구하는 학문인 반면에 윤리는 도덕성을 중시하는 관념에 관한 것이다. 효율적인 경영은 때로는 윤리적인 개념과는 상충될 수 있다.

　비행기 1등석과 이코노미석은 서비스적인 차원에서 큰 차이가 난다. 1등석 손님은 비행기 출발 하루 전에 비행 도중에 먹을 음식까지 주문받고 기내에서는 승무원들이 1대 1 서비스까지 제공한다. 요금을 비싸게 받은 손님에게 그에 준하는 서비스를 제공하고 있기 때문에 이코노미석의 서비스와 비교하면 많은 차이가 나고 있는 것이다. 윤리적인 개념으로는 동일 인격체의 사람이 요금의 차이에 따라서 서비스에 차별을 당한 것이다.

　베이커리 빵집에서도 아침에 5천 원에 팔던 빵을 저녁 6시 이후에는 3천 원에 파는 경우가 있다. 윤리적인 개념으로 해석하면 아침에 빵을 산 사람은 2천 원만큼 사기를 당한 셈이나, 경영적인 측면에서는 남는 빵은 폐기 처분해야 하는데 3천 원에 팔 수 있었으므로 3천 원의 이득을 본 것이다.

　경영을 윤리로 해석하면 효율성이 배제된 윤리주의로 흐를 수 있다. 지나친 윤리성 강조는 자본주의의 개념 자체를 흔들어 놓을 수 있는 것이다. 비즈니스를 도덕적으로 해야 하는 것은 맞지만 윤리 자체는 아닌 것이다.

　최근 일고 있는 사회주의적 색채가 강한 정책들은 도덕성에 기반을 둔 정책들로써 경영의 효율성을 저해할 요인들이 다분히 포함되어 있다. 경영의 효율성보다는 윤리적인 면이 지나치게 강조되고 있는 것이다. 경영의 효율성이 떨어지면 나타나는 현상 중의 하나는 소비자가 물건을 비싸게 구입하게 된다는 것이다. 질 좋은 상품을 값싸게 구입하려는 것이 소비자의 구매 심리인데 윤리를 지나치게 강조하면 효율성은 떨어지고 가격은 비싸지는 것이다. 비도덕적인 행동을 하는 기업은 통제되고 퇴출되어야 하지만, 지나친 윤리성 강한 정책들은 경쟁력을 상실케 하는 요인이 될 수 있다.

는 기업은 통제되고 퇴출되어야 하지만, 지나친 윤리성 강한 정책들은 경쟁력을 상실케 하는 요인이 될 수 있다.

미국 자본주의

미국은 소비가 경제 주체이다. 미국 경제는 소비가 차지하는 비중이 GDP의 70 퍼센트를 차지한다. 소비가 살아나면 경제가 살아나고 소비가 위축되면 경제가 위축되는 구조이다. 미국 경제에 있어서 소비의 위치는 중요하기 때문에 정부는 국민들이 돈을 많이 벌어서 돈을 많이 쓰게 하는 정책을 유도하고 있다. 소비가 늘면 기업들이 생산을 늘리고 생산이 늘면 더 많은 신규 고용을 할 수 있기 때문이다. 소비와 경제가 선순환의 구조로 맞물려 돌아가고 있는 것이다.

배우 니콜라스 케이지는 아내가 산모 조리를 위해 호텔에 머물 때 호텔 전체 한 층을 빌려서 다른 사람이 못쓰게 독차지한 적이 있다. 한국에서 만약 어떤 스타가 이런 행동을 했다면 여론의 뭇매를 맞았을 것이다. 경제의 개념에 도덕적인 잣대를 들이 댄 결과인 것이다.

한국에서는 저축이 미덕인 시대가 있었다. 보릿고개를 갓 넘긴 시점에서 경제를 일으키려면 돈이 필요했기 때문이었다. 자본이 필요했던 시기의 고정관념이 아직도 우리 경제에 남아 있는 것이다. 그러나 미국식 자본주의는 돈 있는 사람들이 돈을 쓰게 유도한다. 특히 소득이 많은 사람은 기부나 소비를 통해서 돈을 사용하도록 독려하고, 기부나 업무로 쓰인 지출은 절세를 통해서 보완해 주고 있다. 미국의 많은 부자들이 사회에 기부를 많이 하는 것이나 유명인들이 업무와 관련하여 지출을 많이 하는 것은 이러한 절세 제도와 관련이 있는 것이다. 돈 많은 사람들이 크게 소비할 때 더 많은 고용 창출과 소비가 이루어져서 경제가 활성화되기 때문에 부자들의 소비를 중요시 하는 것이다.

한국은 돈 많은 사람들이 비싼 물건을 사는 것을 과소비한다고 비난하는 경향이 있는데, 부자들이 돈을 안 쓰면 경제는 탄력을 잃게 되어 있다. 부자가 돈을 써야 돈이 돌고 소비가 더 원활해지는 것이다. 도덕적인 잣대로 경제를 재단하면 할수록 소비는 위축되는 것이다. 자본주의 시스템하에서 부정한 방법이 아닌 정상적으로 축적된 재산은 존경받을 일이지 비난의 대상이 아닌 것이다. 비싼 물건을 사는 것이 비난받을 일이 아니고, 물건을 구입하면서 판매원을 무릎 꿇리게 하는 저질스런 행동들이 비난받아야 하는 것이다.

합법적으로 번 돈으로 무엇을 구입하든 문제가 될 것이 없는 것이다. 이러한 자본주의적 시스템이 가장 잘 작동되는 나라는 미국이다. 만약 한국에서 미국 고속도로에서 채택하고 있는 Fast Track System 이라든가, 비자를 신청할 때 Expedited Visa Service Fee를 받고 빠르게 일을 진행시키는 시스템을 채택한다면 돈 있는 사람만 우대한다고 반대가 심할 것이다. 그러나 자본주의는 경제적 차별제도를 채택하고 있다. 공정한 경쟁을 통해서 경제적인 부를 이루게 하고, 축적된 부는 자유롭게 사용될 권리가 있는 것이다. 윤리에 기반을 두고 경제를 해석하면 윤리성만 강조되고 자본주의적 효율성은 퇴색하게 되는 것이다. 비윤리적인 행동이 아니라면 무한 경쟁의 원리가 자본주의의 본질인 것이다. 미국에서는 이러한 시스템이 가장 잘 작동되기 때문에 소비 개념을 중요시하는 것이다.

14장 리더십 시현

리더의 조건

　리더는 생각하는 사고와 언어 그리고 행동이 틀려야 하며 미래를 예측할 수 있는 능력이 있어야 한다. 창조적인 사고와 유연성이 요구되는 것이다. 기존의 틀에서 문제를 보고 해결하는 것이 아니라 새로운 방법을 연구하고 찾아내어 보다 발전적이고 생산적인 방향으로 조직을 이끌어야 한다. 기존에 해왔던 방식만 고집한다면 변화하는 세상에 적응하기 어렵고 도태될 것이다. 빠르게 변화하는 세상에 적응할 수 있어야 한다. 새로운 것에 대한 적응이나 포용력이 부족할 때는 젊은이들을 품을 수가 없다.

　리더의 언어는 긍정적이고 부드러워야 한다. 부정적인 언어는 조직과 관계를 파괴하는 원인이 된다. 긍정적인 언어로 조직에 긍정의 힘을 불어넣어야 조직이 발전적인 방향으로 나아갈 수 있게 되는 것이다.

　리더의 행동은 희생적이고 헌신적이어야 한다. 위험한 일이나 어려운 일에 봉착했을 때 뒤로 숨는 것은 리더의 모습이 아니다. 먼저 앞으로 나아가서 모범을 보이고 헌신하는 것이 리더의 진짜 모습인 것이다. 먼저 행동으로 보여 주고 낮은 곳으로 향할 때 사람들이 따르는 것이다.

　또한 리더는 미래를 예측하는 능력을 갖추어야 한다. 미래를 예측한다는 것은 과거와 현재의 상황을 잘 분석하고 연구해서 그것을 바탕으로 미래를 대비한다는 것이다. 과거와 현재를 분석하려면 많은 연구와 공부가 필요하다. 공부하지 않는 리더는 어디로 갈지 모르는 항해사와 같다. 공부하고 준비할 때 미래를 예측할 수 있으며, 조직을 안전하게 이끌 수 있는 것이다.

관리자와 리더의 차이

영어에서 manage는 정해진 목표를 조정하고 관리하는 것을 의미한다. 반면에 lead는 어떤 방향성을 보여주고 나아가는 것을 말한다. 즉 관리자는 목표하는 것을 위해 일을 조정하고 관리하는 사람이고 리더는 방향성을 제시하고 그것을 이루기 위하여 앞서 나아가는 사람을 의미한다. 관리자는 체계적이고 일관된 방침 아래 업무를 지시 전달하는 반면 리더는 쌍방향 소통과 창의적이고 유연성을 보여 준다. 일종의 Top-down 방식은 주로 관리자 유형에서 나타나며 Bottom-up 방식은 리더에게서 나타난다. 일국의 정상이나 회사의 대표를 관리자라 하지 않고 리더라고 칭하는 것을 보면 리더는 관리자보다는 상위 개념이라고 할 수 있다.

관리자도 조직에서 꼭 필요한 존재인 것은 확실하나 관리자보다는 리더가 되어야 조직이 보다 발전적이고 생산적이 된다. 예를 들어 가정에서 부모가 자녀에게 공부하라고 강요만 하고 있다면 관리자 스타일인 것이다. 자녀가 왜 공부가 안 되는지 함께 고민하고 방법을 찾아 주며 부모 스스로 시간만 나면 공부하고 독서하는 모습을 보여 주면 자녀는 자연스럽게 부모의 모습을 닮아가게 되어 있다. 주말에도 좋은 공연 관람이나 여행을 함께 하며 인생 선배로서 조언하고 시간을 보낸다면 공부하라고 잔소리하지 않아도 자연스레 공부하는 습관을 갖게 될 것이다. 부부 간에도 남편이 집이 왜 이렇게 지저분하냐고 잔소리할 것이 아니라 주말에 일찍 일어나서 집안 전체를 깨끗이 청소하는 본을 보이면 아내 역시 주중에 열심히 일하고 주말에 쉬지도 않고 청소하는 남편이 안쓰러워 좀 더 집을 깨끗이 정리 정돈하게 될 것이다.

회사에서도 마찬가지이다. 실적을 못하는 부하 직원에게 폭언이나 일방적인 지시만 할 것이 아니라 본인이 실적을 먼저 해서 몇 건을 나누어주며 위로해 준다거나 주말에 함께 낚시나 여행을 하면서 인생사 그런 거지 위로하며 많은 대화를 나눈다면 그 직원은 분명 적극적으로 태도가 바뀌며 따를 것이다. 조직 내에서 관리자 보다 리더가 더 필요한 이유인 것이다.

리더의 사고

리더는 장기적인 비전을 가지고 있어야 한다. 하루 혹은 한 달과 같은 단기적인 스케줄도 중요하지만 장기적인 플랜을 가지고 있어야 한다. 크루즈 여행사는 일반 여행과는 다르게 장기적인 여행 스케줄이 있는 것을 보게 된다. 장기적인 플랜을 가지고 오랜 시간 손님을 모집하고 기항지 같은 문제를 조율하며 운항 계획을 세우고 있다. 그러한 장기적인 플랜하에서 크루즈 여행사가 성장하듯이, 리더 또한 그러한 장기적인 비전하에 계획을 세우고 조직을 이끌어야 한다. 눈앞의 이익에 집착하여 장기적인 계획 없이 즉흥적으로 계획하고 추진하는 것은 리더의 모습이 아니다. 리더는 장기적인 큰 틀에서 직원들에게 비전을 제시하여야 하며 그것에 걸맞은 긍정정인 시그널을 보내 주어야 한다. 그러한 비전을 보고 젊은이들은 회사를 지원할 것이고 본인들도 장기적인 플랜을 가지고 회사의 비전에 동참하게 될 것이다. 이러한 비전이 직원과 회사가 상생하는 기본적인 원리가 되는 것이다. 직원이 회사의 오너십을 가질 때 그 회사는 더욱 생산적이며 발전적인 방향으로 나아가게 되는 것이다.

리더의 사고는 개방성과 유연성 그리고 포용성이 있어야 한다. 개방성이란 기존 것에 집착하여 새로운 공간을 만들지 못하는 것과 반대 개념이다. 대원군이 쇄국정책으로 시대의 흐름을 파악하지 못해 조선을 망하게 하였듯이 기존의 정책에 매달려서 새로운 것에 대한 것을 흡수하지 못한다면 기업은 위기에 처하게 될 것이다.

리더는 또한 사고의 유연성이 있어야 한다. 부하 직원이 어떠한 제안을 했을 때 비록 잘못된 의견일지라도 일단 수용할 수 있는 유연성이 필요하다. 시간을 가지고 고치면서 활용하는 유연성이 리더에게는 필요한 덕목인 것이다. 그러한 유연성은 직원들이 보다 적극적으로 의견을 표출할 수 있게 하고 조직의 분위기를 부드럽고 화기애애하게 만들 것이다.

리더의 포용성이란 리더의 생각과 뜻을 달리 하는 사람이 있을 때 이를 수용하고 품을 수 있음을 말한다. 포용성이 없는 리더에겐 주위에 사람이 없어지고 종국에는 독불장군 형태의 독재자의 모습으로 변모하게 되는 것이다.

리더의 언어

리더의 언어는 긍정적이고 따뜻해야 한다. 긍정적인 언어는 긍정적인 행동을 수반한다는 관점에서 리더는 늘 겸손하고 따뜻한 언어로 조직을 이끌어야 한다. 욕설과 비아냥거림 같은 언어는 조직을 피폐하게 만들고 삼류로 전락시킬 수 있다. 리더를 보고 구성원은 따라 하기 때문이다. 신뢰할 수 없는 약속이나 언어는 조직원이나 손님으로부터 외면받게 되며 결국 퇴출 수순을 밟게 될 것이다.

리더는 늘 신중하며 약속을 지키는 언어를 사용해야 한다. 리더가 어떠한 사항에 대하여 지시할 수도 있지만 될 수 있는 한 구성원과 상의하며 의견이 틀린 경우는 설득하며 보완해 나가는 시스템을 구축해야 한다. 그래야 구성원의 참여가 늘고 긍정적이고 발전적인 제안이 많이 나오게 되어 있다. 긍정적이며 따뜻하고 설득력 있는 리더의 언어는 조직을 한층 업그레이드시키며 보다 좋은 조직으로 성장시켜 나갈 것이다.

리더의 행동

리더의 행동은 희생적이며 헌신적이어야 한다. 힘든 일과 책임이 따르는 곳에는 리더가 늘 먼저 가 있어야 한다. 힘든 일이 있을 때 뒤로 숨었다가 쉬운 일만 골라서 한다면 조직원은 더 이상 따르지 않을 것이다. 책임 회피를 일삼는 리더가 있다면 더 이상 리더의 위치에 있는 것이 아닌 것이다. 책임을 져야 할 자리를 피하지 않고 감수하며 인내해 나갈 때 조직원은 응원하며 손뼉 치고 따를 것이다. 비겁한 행동은 리더의 모습이 아니다.

리더는 조직을 위해서 헌신할 각오가 되어 있어야 한다. 자기 목숨을 희생해서 나라를 구한 영웅이 좋은 리더십의 표본인 것이다. 이순신 장군은 자기 목숨을 희생해서 나라를 구하신 분이다. 그러한 리더십으로 인하여 나라를 지킬 수 있었던 것처럼 리더는 자기 안위나 명예를 우선시하지 않고 본질적인 일에 희생하며 조직을 위해서 헌신할 수 있어야 한다.

조직은 흐르는 물과 같다. 물은 위에서 흐를 때 자연스러운 것이며 그 파괴력이 더해진다. 아래서 끌어올리려면 몇 배의 힘이 필요하며 많은 부작용과 비효율성을 동반한다. 리더가 자발적으로 앞장서야 하는 이유인 것이다. 리더가 앞장서서 희생할 때 그 힘은 의외로 강한 것이다. 자기희생은 남에게 시키는 것이 아니고 특히 남을 탓하는 것도 아니다. 남에게 손가락이 향할 때 협동은 깨지고 만다. 협동과 조화가 깨질 때 배는 산으로 올라가며 효율성과 경쟁력이 약화된다. 그렇지만 리더가 모든 잘못을 본인에게 돌리고 먼저 희생할 때 이러한 약점이 극복되며 조직은 회복되는 것이다.

군주론

마키아벨리는 군주론에서 뚜렷하고 선한 목적이 있다면 군주는 잔혹하고 비열한 수단과 방법을 동원해도 괜찮다고 주장하고 있다. 민중의 안전과 자유를 위해서는 부자나 귀족은 비열한 방법으로 죽여도 된다고 하였다. 군주는 필요한 모든 성품을 다 갖추기가 어렵기 때문에 비열하고 잔인한 방법은 선을 행하기 위하여 필요악이라고 한 것이다. 주변이 모두 기만적이고 비열한데 혼자만 도덕적이면 권력을 잡을 수 없다고 보고 있으며, 국가를 안정시킬 수 있다면 백성에게 사랑받는 대신 두려움을 줄 수도 있는 존재가 군주라는 것이다.

중국 후 한말의 조조는 권모술수에 능한 인물로 평가받는다. 그는 교묘한 지략과 계책으로 인재를 모으고 온갖 수단과 방법을 동원해 난세를 돌파했던 인물로, 마키아벨리즘과 괘를 같이 하는 부문이 있다. 마키아벨리즘은 도덕과 윤리를 무시하고 목적을 달성하기 위하여 사용된 모든 수단을 정당화하고 있다.

마키아벨리는 근대 정치에 많은 영향을 끼쳤는데, 특히 민중을 위해서는 소수를 죽여도 괜찮다는 논리로 혁명을 일으켜 권력을 잡았던 러시아 혁명과 닮아 있다. 러시아 혁명은 고통받는 민중을 위해서 귀족을 몰아내고 권력을 잡았지만 점차 권력자들의 리그로 변질되어 갔고 민중들은 종국에는 그들의 희생양이 되었던 것이다.

리더의 행동은 희생과 헌신이 수반되어야 한다는 대명제를 놓고 볼 때, 오늘날도 목적을 위해서라면 수단과 방법을 가리지 않는 지도자들이 많이 있다. 그러나 이들을 진정한 리더라고 평가하기는 어려운 것이다. 낮은 곳으로 향하고 조직을 위해 본인을 헌신하는 사람이 진정한 리더인 것이다.

욕망의 그늘

영조와 사도세자는 아버지와 아들의 관점으로 보면 조선시대 최고의 비극 중의 하나일 것이다. 27세의 아들을 8일 동안 뒤주에 가두어 죽게 한 사건은 왕조를 넘어 개인 부자지간의 최고의 비극적인 결말인 것이다. 정권욕이 강했던 것으로 알려진 영조는 이복형 경종 독살설에 시달려야 했고 어머니의 비천한 신분으로 인하여 자존감도 낮았던 임금이었다. 어머니 숙빈 최 씨는 장희빈이 무속행위로 인현왕후를 빨리 죽게 했다고 밀고하여 장희빈을 사약을 받고 죽게 한 인물이다.

숙종의 후임으로 왕위에 오른 임금이 바로 장희빈과 숙종 사이에서 태어난 경종이며, 정치적으로 어머니 장희빈과 함께 소론의 지지를 등에 업고 왕위에 올랐다. 경종은 즉위 4년 만에 사망하였는데, 그 당시 세자였던 영조가 경종을 독살케 했다는 설로 인하여 영조는 왕위에 오른 뒤에 오랫동안 시달려야 했다.

경종과 다르게 영조는 노론의 지지로 임금에 오를 수 있었으며, 아들 사도세자에게 13년 동안 대리청정을 실시하였다. 대리 청정 기간 동안 두 사람의 관계는 최악으로 치달으며 관계가 파탄나게 된다. 세자가 30세가 되면 대리청정을 멈추고 왕위를 승계해야 하는데 영조는 건강에 아무 이상이 없었고 왕위를 승계할 생각이 없었다. 사도세자는 경종의 독살설을 알고 난 이후부터 노론과 척을 지고 소론과 친하게 지냈는데 이는 노론에게는 큰 위협이 되었고 결국 노론에 의해 사도세자의 비행이 고발되었다. 노론과 소론의 정치적 권력 투쟁의 희생물로 사도세자가 제거되었다는 설이 설득력을 얻는 이유인 것이다. 권력 투쟁의 소용돌이 속에서 외로움을 느꼈던 사도세자는 기행을 일삼았고 100여 명을 살해한 기록까지 있다. 사도세자가 만약 임금이 되었다면 제2의 연산군이 되었을 것이라는 평가도 있다.

영조의 지나친 권력욕이나 사도세자의 무분별한 모습은 리더의 모습과는 거리가 있어 보인다. 권력자의 힘은 본인을 위해 쓰일 때 공평성을 잃고 허무해지는 것이다. 힘은 절제가 되어야 하며, 특히 권력자의 힘은 백성을 위하여 사용될 때 진정한 리더의 가치가 돋보이는 것이다.

욕망의 그늘 2

　연산군은 무오사화와 갑자사화를 일으켜 수많은 사람을 처형하고 왕권을 강화한 폭군이다. 성종 사후에 18세의 나이로 임금에 즉위하였고, 어머니 폐비 윤씨가 사사된 것을 안 뒤부터 폭정의 길을 걸었다. 어머니의 복수를 위해 갑자사화를 일으켜 대규모 숙청을 단행하였다. 갑자사화로 239명의 인원이 피해를 당하였고 그중에 절반 이상이 사형을 당하였다. 백성을 섬기는 대신에 개인적인 복수나 본인의 왕권 강화에 집착하여 광기를 부리다가 중종반정으로 쓸쓸하게 사라져 갔던 임금이다.

　연산군의 이러한 폭정의 내면에는 조정 신하들의 지나친 권력의 암투로 사건을 조장, 격화시킨 부문이 있다는 평가도 있다. 이러한 모습은 현재를 살아가는 우리들의 모습에서도 쉽게 찾아볼 수 있다. 일반 회사에서도 리더 및 중간 관리자들의 일탈 행위는 그 조직을 위험에 빠뜨릴 수 있는 것이며, 그 폐해는 직원들에게 고스란히 전가되는 것이다.

　북한의 김정은도 고모부를 비롯하여 수많은 사람을 처형하고 공포정치를 일삼으며 3대에 걸친 독재도 모자라서 4대 세습까지 견고히 준비하고 있는 모습이다. 인간의 욕망이 얼마나 추하고 더러운지 보여 주고 있지만, 그 끝은 이미 예정되어 있는 것이다. 교만과 욕망은 오래 지속될 수 없는 것이며, 연산군의 폭정에서 볼 수 있듯이 리더의 무분별함은 이미 그 끝을 예고하고 있는 것이다.

욕망의 그늘 3

세조는 조카 단종뿐만 아니라 친동생인 안평대군과 금성대군까지 죽인 임금이다. 그뿐 아니라 형인 문종을 독살했다는 의심도 받고 있으며, 조카 단종의 누나 경혜공주의 남편인 정종을 몸을 여섯 토막으로 만들어 죽이는 육시까지 단행하였다. 계유정난을 일으켜 수많은 대신들을 잔혹하게 죽이고 왕위에 올랐으며 왕에 즉위한 후에도 정권 유지를 위하여 수많은 사람을 희생시켰다. 선의의 리더십을 보인 것이 아니라 악행의 표본이 되었던 것이다.

악덕을 일삼는 자의 끝은 늘 그러하듯 세조 본인도 임금이 된 후에 보복에 시달리는 악몽 및 불면증을 앓는 병적인 증세를 보였으며, 끝내 문둥병인 나병에 걸려 고생하다가 생을 마감했다. 13년의 재위 기간 저질렀던 악행의 대가는 본인의 건강은 물론 자녀들에게도 좋지 않은 결과를 가져왔다. 첫째 아들 의경세자는 19세에 사망하였으며, 예종인 둘째 아들은 재위 1년 만인 20세의 나이로 사망하였다. 또한 최고의 가신 한명회는 두 딸을 예종과 성종의 왕비로 세웠으나 17세와 19세에 요절하였으며, 본인도 연산군 때 갑자사화로 부관참시당하여 토막 난 목이 거리에 걸리는 수모를 겪었다. 백성보다는 본인들의 야망을 우선시한 인물들의 뒷모습에서 리더의 모범적인 역할이 얼마나 중요한지를 엿볼 수 있는 것이다.

욕망의 그늘 4

태종 이방원은 정몽주, 정도전, 세자 이방석을 살해하고 임금에 오른 임금이다. 본인과 친한 형인 정종 이방과를 잠시 임금에 내세워 정국을 주도한 뒤에 본인이 직접 왕에 올랐다. 임금에 오른 후에도 권력에 대한 욕심은 본인을 왕좌에 오르게 도와준 아내 원경왕후의 아버지 민제를 비롯하여 4명의 처남들을 몰살시켰다. 또한 세종의 아내 소헌왕후의 아버지 심온을 사사시켜 왕권을 강화하였다. 이로 인하여 세종으로부터 심한 반발을 불러왔고 세종의 존경도 받지 못하고 숨을 거두었다. 태종은 권력에 대한 집착으로 왕위를 세종에게 물려주고 난 후에도 3년간의 상왕 정치를 행하였으며 죽기 8개월 전에야 그만두었다.

태종의 리더십은 호불호가 갈리는 측면이 있으나, 권력을 잡는 과정에서 잔인하게 많은 사람을 죽였으며, 정권을 잡은 후에도 지나치게 왕권 강화를 위하여 많은 사람을 희생시킨 것은 진정한 리더의 모습이 아닌 것이다. 백성을 위한 큰 정치를 하기 위하여 그렇게 했다고 항변할 수 있으나, 윤리를 저버리는 비정한 군주는 백성들로부터 존경을 받지 못하는 것이다. 권력에 대한 지나친 집착은 본인은 물론이거니와 모든 조직체에게 부정적인 방향으로 작동하는 것이다.

비즈니스 리더들

2010년 빌 게이츠와 워런 버핏이 주도하여 설립한 The Giving Pledge는 억만장자 기부 클럽이다. 이 클럽은 2025년도 현재 전 세계 30개국에서 250명 이상이 참여하고 있고 기부금으로 약속된 금액은 6천억 달러에 달하고 있다. 창립을 주도한 빌 게이츠는 전 재산의 99퍼센트를 사회에 환원하기로 약속하였고, 다른 기부자들도 생전이나 사후에 본인들의 재산 50퍼센트를 사회에 환원하기로 서명하였다. 이 모임은 강제적으로 설립된 단체가 아니고 순전히 리더들의 사회적 헌신의 일환으로 자발적으로 구성된 기구이다.

빌 게이츠나 워런 버핏 이외에도 유명한 재계 인사로는 마크 저커버그, 마이클 블룸버그, 일론 머스크 등이 있으며, 한국에서는 민족의 배달앱을 개발한 김봉진 의장이 있다.

이들은 사회로부터 받은 혜택을 사회에 다시 환원함으로써 불평등이 더욱 심화하고 있는 세상에 모범적인 사랑을 실천하고 있고, 경쟁에서 밀리고 소외된 이웃들을 도와 재기의 발판을 마련해 주고 있는 것이다. 리더들의 이러한 적극적인 사회 참여로 인하여 세상은 보다 공정하고 포용성 있는 사회로 나아갈 수 있게 되는 것이다.

리더의 미래 예측

리더의 가장 큰 덕목 중의 하나는 미래를 예측할 수 있는 능력을 갖추는 것이다. 점술가도 아니고 어떻게 미래를 예측할 수가 있겠는가라고 반문할 수 있지만 리더는 그러한 능력을 갖추고 있어야 한다. 미래를 예측한다는 것은 과거나 현재의 경영 상태 등을 분석하고 연구하여 발전적인 미래의 청사진을 만드는 것이다. 단순한 청사진이 아니라 과거나 현재를 분석한 자료를 토대로 미래를 예측하고 준비하는 것이다. 항해사가 잘못된 판단으로 배를 엉뚱한 곳으로 인도한다면 그 배는 침몰하게 될 것이다. 리더의 역할도 비슷하다고 할 수 있다. 과거와 현재를 기반으로 미래를 예측하고 준비하려면 많은 연구와 공부가 필요하다.

우리가 역사를 공부하는 것이 단순히 과거를 알기 위함이 아니고 과거의 잘못된 부문은 고치고 좋은 점은 응용하여 발전적인 미래로 나아가기 위함이다. 조직 역시 과거를 알아야 미래를 준비할 수 있다. 리더의 미래에 대한 올바른 예측은 조직 생사의 가늠자가 될 수가 있는 중요한 사항인 것이다.

구한말 고종은 임금으로서 세계의 질서를 판단하는데 전혀 리더십을 발휘하지 못하였다. 리더의 미래에 대한 예측 실패로 조선은 국제사회에서 큰 타격을 받았다. 청일전쟁에서 청나라가 승리할 것으로 판단하고 청나라를 도와주었으나 일본이 승리하였고, 영국과 합작한 러일전쟁에서도 러시아 편에 섰으나 일본이 승리하였다. 고종의 이러한 선택은 큰 낭패를 가져오게 되었고, 종국에는 일본에 합병당하는 수모를 겪게 된다. 고종의 국제 질서에 대한 무지와 오판이 국가를 망하게 하는데 크게 일조하였던 것이다. 이 시기부터 만주, 중국, 일본, 러시아, 미국 등으로 토지와 생산수단을 빼앗긴 백성들이 이주하게 되었고 한민족 이주의 고난사가 시작되었던 것이다.

고종의 아버지 대원군 또한 쇄국정책으로 변화하는 국제정세를 읽지 못하고 근대화에 대한 대비책을 세우지 못하였다. 1868년 일본의 메이지유신이나, 1760년 산업혁명으로 근대화를 대비한 영국의 정책들과 비교할 때, 고종이나 대원군의 선택은 우물 안의 개구리였던 것이고, 이러한 실패한 리더십은 피해가 고스란히 백성들에게 전가되었던 것이다.

리더의 미래 예측 2

아르헨티나는 20세기 초 농업 생산의 강국으로 부유한 나라였으나 페론 정책의 실패로 서서히 나락의 길을 걷기 시작했다. 페론은 노조를 등에 업고 노동자 중심의 정책을 펼치며 대중적 지지를 얻었으나, 사회복지, 임금 인상 등의 경제 정책으로 국민들의 정부 의존도를 높이게 하였고 이는 물가 상승, 고용 불안으로 이어지며 인플레이션이 증가하는 원인이 되었다. 정부 재정 적자가 커지자 국채 발행 및 외채 차입으로 대응하였고 이는 2001년과 2014년 채무불이행과 같은 국가 디폴트 사태를 불러왔고 국제 신용도 하락으로 이어져 외국 자본의 유입이 막히게 되었다. 재정 건전성의 약화와 세수 부족으로 사회 복지 예산 및 공공 서비스 예산을 축소시켰고 국민 생활의 악화로 나타났다. 국가의 지나친 개입으로 인한 포퓰리즘의 정책으로 국민을 도탄으로 빠트린 선례가 되었다.

한편 베네수엘라는 세계 최대의 석유 매장량의 국가였으나 차베스 대통령의 방만한 재정 지출과 과도한 복지정책으로 민간 투자 위축과 생산성 저하를 불러왔고, 특히 마두로 대통령이 무분별하게 화폐를 찍어내 2018년 130,000 퍼센트의 하이퍼 인플레이션이 발생하였다. 이는 생산비 예측 불가 및 가격 책정을 불가능하게 만들었고, 기업들은 더 이상 물건을 생산하지 못하고 줄 폐업하게 되었다. 이러한 현실을 외면한 이상향적인 포퓰리즘 정책으로 인하여 2013년과 비교하여, 2023년 국가 GDP는 74%가 감소하였다. 물가 상승, 소득 감소, 실업 증가로 국민들의 삶은 피폐하여졌고 국가는 혼란에 빠져 들었다. 리더의 이러한 정책 실패는 국민들을 빈곤과 생활고, 열등한 사회 환경 속으로 몰아넣었다. 2015년 이후 베네수엘라는 약 700만 명이 해외로 이주하였다. 특히 2019년 민주주의 훼손의 이유로 미국의 경제 제재가 이어졌고 이로 인하여 석유 생산량 급감 및 외국 자본의 유입이 차단되어 경제에 심한 타격을 받았다.

아르헨티나는 풍부한 농업 생산국이었으나 무분별한 복지 정책으로 무너졌고, 베네수엘라 역시 포퓰리즘에 기반을 둔 정책으로 풍부한 석유 자원의 이점을 살리지 못하고 초인플레이션을 가져왔다. 리더의 올바르지 상황 분석과 이를 대비하는 미래 예측 실패로 나라를 가난으로 빠뜨리며 국민들을 불행한 삶 속으로 이끌었던 것이다. 리더의 올바르지 못한 선택이 국가와 국민을 피폐하고 파괴시키는 가장 큰 원인이 되었던 것이다.

리더십

리더는 많은데 리더십을 잘 발휘하는 리더는 드물다. 리더십에서 십은 배를 뜻한다. 배는 기관사가 앞에서 혼자 끌어당긴다고 앞으로 나아가지 않는다. 큰 배일수록 기관사 혼자 할 수 있는 일은 없다. 각 기관의 유기체가 서로 잘 협조하고 각자에게 맡겨진 포지션을 조화 있고 성실하게 수행할 때 배가 정상적으로 앞으로 나아가게 되어 있는 것이다.

리더의 역할은 혼자서 독주하는 것이 아니라 이러한 각 유기체가 각각의 위치에서 주어진 역할을 잘 수행할 수 있도록 조율하며 격려하여 효율을 극대화시키도록 하는 것이다. 리더의 역할은 작은 것 하나까지도 간섭하여 본인 뜻대로 행하는 것이 아니라, 큰 틀에서 나아가는 방향을 제시하며 조직 구성원 각자가 역할을 잘할 수 있도록 조화를 이루어 내는 것이다.

오케스트라에서 지휘자는 모든 음을 본인 혼자 내지 않는다. 지휘자는 구성원 각자가 주어진 역할을 잘할 수 있도록 리드하며 목표하는 화음을 낼 수 있도록 조율하는 것이지 모든 음을 혼자 독차지하지 않는다. 지휘자가 작은 것 하나까지도 본인 뜻대로 간섭한다면, 구성원들은 시키는 것만 실행하지 창조적이고 자발적인 모습으로 주어진 일을 행하지는 않는 것이다. 조직 내에서 리더십이 제대로 작동하지 않을 때 조직은 우왕좌왕 갈 곳을 잃고 좌초하게 된다. 도달하고자 하는 목적지에는 당연히 도달하지 못하고 좌초하게 되는 것이다. 이와 같이 리더는 전체를 볼 수 있어야 하며 전체를 조율하는 그릇이어야 한다. 작은 것에 얽매여 집착하는 리더는 리더십을 상실하고 그 조직을 하향 평준화시킬 것이다.

꼰대 리더십

꼰대라는 의미는 나이가 많고 권위주의적인 사람을 조롱하는 뜻으로 사용된다. 낡은 사고방식이나 시대착오적 발언을 자주 하는 사람, 즉 뭔가 고리 타분하며 상명하복식 문화에 젖어 있는 사람을 지칭한다. 당연히 부정적인 이미지로 사용되며 불통의 메시지가 담겨 있는 것이다.

과거는 현재의 거울이다. 과거 없이 현재가 있을 수 없지만 정서적으로는 단절되어야 하며 이성적으로는 좋은 점을 찾아 계승시켜야 한다. 과거의 화려함에 빠져 생각과 정신이 과거에 살고 있다면 이는 하루 종일 아무것도 안 하고 과거의 거울만 끄집어내어 닦고 있는 모습과 유사한 것이다. 몸은 현재를 살고 있는데 생각과 정서가 과거에 머물러 있으면 몸과 마음의 밸런스가 무너져서 건강이 악화되고 무기력증에 빠질 수 있게 된다. 특히 과거의 경력이 화려한 사람일수록 정신과 몸이 불일치할 확률이 크다. 이를 해결하기 위하여는 정서적으로 과거와 단절해야 한다. 과거의 화려함을 끄집어내고 부각해서 현재를 초라하게 만들어서는 안 된다. 이 단절함이 없으면 새로운 시도는 할 수 없고 과거의 높은 위치에 머물러 그냥 꼰대 소리만 듣고 살아가게 될 것이다. 몸과 마음이 현재의 시간에 함께 머물며 그날 주어진 것에 최선을 다할 때 내일이 생산성 있게 다가오는 것이다.

꼰대에서 벗어나려면, 오늘의 논리와 현재의 상황에 충실해야 한다. 지혜로운 사람은 과거를 분석하고 이를 내일의 시간표를 위해 활용할 뿐이지, 과거의 늪에 빠져서 허우적거리지 않는다. 리더가 이와 같은 꼰대의 함정에 빠져 있다면, 그 조직은 미래로 향하지 못하고 과거의 발목에 잡혀서 과거 청산 같은 이슈로 시간을 허비하고 생산 동력을 상실하게 될 것이다. 생산적인 에너지를 미래의 발전

을 위하여 사용하지 못하고 과거의 시간에 허비한 대가는 비효율적이고 비생산
적인 결과를 가져오고 경쟁력은 한층 약해질 것이다.

자기의 공간을 만들어라

축구 경기에서 볼을 기다리는 선수는 크게 활약을 하지 못한다. 열심히 어시스트하며 뛰는 선수가 빈 공간을 많이 만들어 내며 골 넣을 찬스를 더 많이 얻어 내는 것이다. 비즈니스도 상황이 거의 비슷하다. 누군가가 도움을 줄 때만 기다리고 있으면 거래가 성사되기가 어렵게 된다. 열심히 도와주고 뛰다 보면 좋은 결과로 이어지게 되어 있다. 활동 공간은 본인이 만드는 것이다. 나만 챙기는 사람 주위에는 사람이 모이지 않는다. 그런 사람은 접촉하면 할수록 손해를 보는데 주위에 사람이 모일 리가 없다.

자기의 위치가 조직 내에서 확실하지 않다고 판단이 될 때는 자기의 공간이 부족하다는 것을 깨달아야 한다. 손님과의 관계가 원만치 못하다는 것도 역시 본인의 공간이 손님한테 부족하다는 의미이다. 이러한 상황에서 할 수 있는 좋은 방법은 본인이 좀 더 많이 뛰고 움직여야 한다. 조금씩 계속해서 본인의 공간을 넓혀 갈 때 조직에서의 위치도 향상되고 손님과의 관계도 더욱 밀착되는 것이다. 이러한 본인의 공간 확보가 넓어질수록 비즈니스의 공간 또한 넓어지는 것이며 비즈니스는 성장하는 것이다.

조직 내에서 직위는 높은데 리더의 공간이 좁다고 느껴진다면 이는 리더십 공간이 좁다는 것이다. 리더십 공간 부족 현상은 여러 현상이 있을 수 있지만 축구 경기에서와 같이 리더가 조직을 위하여 헌신하지 않아서 생기는 이유가 가장 크다고 할 것이다. 헌신을 많이 하면 할수록 공간은 비례하여 늘어날 것이다.

평범한 직원도 리더가 될 수 있다

BTS가 빌보드 차드 1위에 올랐다. 한국의 가왕으로 조용필을 뽑는 데는 커다란 이견이 없을 것이다. 조용필이 빌보드 차트 1위에 올라야 논리적이지만 혁신을 앞세운 BTS가 1위를 차지했다. 기획사 대표인 방시혁은 BTS 멤버 7인에게 각각의 자율성을 부여하여 본인은 직접 기획, 지시하지 않고 소속원 7명의 각 특성을 끄집어내고 발전시켰다. 멤버들의 개인적인 이야기들을 음악에 담았고 그들의 장점을 살리고 독려하여 최고의 아티스트로 키워냈다. 각 개인 한 사람 한 사람이 조직에서 리더의 역할을 하며 오늘날의 BTS로 우뚝 설 수 있게 만든 것이다. 방시혁은 본인의 역할을 각 구성원의 특성을 살려 이들의 장점을 극대화하는데 중점을 두었던 것이다.

이러한 사례는 조직 내에서 사장, 임원, 부장만이 리더가 되는 것이 아니라는 것을 보여 주고 있다. 평범한 직원도 얼마든지 조직 내에서 그 영향력을 발휘하며 리더의 역할을 수행할 수 있다는 것이다. 이와 같이 평범한 직원이 조직 내에서 리더로 성장하려면 최고의 위치에 있는 리더의 결단이 중요하고 각 구성원도 정책에 맞게 헌신하고 희생하는 모습이 필요한 것이다. 이러한 긍정적인 리더십은 그 조직원 한 사람 한 사람을 장차 조직에서 최고의 리더로 성장할 수 있게 만들어 주는 것이며, 조직 전체가 업그레이드되어 우 상향 발전을 하게 되는 것이다. 리더의 가장 큰 덕목 중의 하나는 후임을 찾아내고 육성하는 일이다.

풀 뿌리 민주주의

　미국은 개인들이 공적인 기능에 대한 참여가 강한 사회이다. 공무원이나 국가에 일방적으로 의존하는 것보다는 개인들이 활발하게 사회 문제에 적극적으로 참여하여 현안들을 함께 해결하고 있다. 지역적인 관심사가 있을 때 지방 정부와 각 지역민들이 함께 회의를 개최하고 의견을 모아 이를 정책에 반영함으로써 주민의 참여성을 높이고 공정성을 확보하고 있다. 미국의 배심원 제도는 일반 시민들이 재판 과정에 참여하여 범죄의 사실 여부와 죄의 유무를 판단하는 사법제도인데, 이는 시민들을 재판에 직접 참여하게 함으로써 민주주의를 직접 체험하고 시민의식을 고양시키는 역할을 하고 있다. 직접적인 재판 참여는 법에 대한 이해도를 높이고 법을 더욱 잘 준수하게 하여 기초질서를 확립시키는 계기를 만들어 주고 있다. 시민들의 자발적인 참여는 부정과 부패를 막아내는 효과가 있고, 이 자발적인 효율성을 바탕으로 국가 경쟁력은 강화되고 있는 것이다.

　한정된 인원의 공무원으로 나라 전체의 질서를 세우는 것은 불가능한 일이며 시민들이 직접 참여하고 도와줄 때 가능해지는 것이다. 리더는 이와 같이 구성원들의 참여성을 높이고 자율성을 보장하는 시스템을 구축하고 이 제도가 잘 활용될 수 있도록 노력해야 하는 것이다. 조직 구성원의 협조 없이 리더 혼자서 북 치고 장구 쳐서는 그 조직의 발전은 요원한 것이다.

대화와 토론

소크라테스는 자기의 생각만 옳다고 주장하는 소피스트들의 주관적인 태도를 배격하고, 객관적이고 보편타당한 진리로 많은 사람들과 대화한 인물이다. 잘못된 판단의 모순을 깨고 옳은 판단을 유도하기 위해 끊임없는 질문을 던졌고 그 모순을 스스로 깨닫게 해 주었다. 누군가를 가르치기 전에 대화로 문제를 해결하고 진리를 터득하게 했던 것이다. "나는 내가 아무것도 모른다는 것을 안다"라는 유명한 말로 사람들의 무지함을 깨닫게 해주었고 그 안에서 지혜와 진리를 터득하게 해 준 것이다.

이러한 소크라테스의 대화법은 이분법적인 사고로 상대방은 틀리고 나만 옳다고 주장하는 시대에 많은 시사점을 던져 주고 있다. 나는 선이고 상대방은 악인 이분법적인 논리로는 시대의 분열을 치유할 수 없는 것이다. 한 발자국 뒤로 물러 서서 객관적인 태도로 대화하고 토론하는 문화가 필요한 것이다. 이러한 문화는 리더들이 앞장서서 만들어야 하며 그러한 토양이 형성될 수 있도록 리더들은 희생의 모습을 보여야 하는 것이다. 본인의 욕망이나 야망을 위하여 분열을 조장하고 이를 본인 입지를 위해서 활용한다면, 이는 리더의 모습이 아닌 것이다. 리더가 갖추어야 할 기본적인 소양은 조직을 위하여 헌신하며 통합을 이끌어 내는 일이다.

15장 Successful Business

Do contribution

Do contribution to family, co-workers, and community. Abandon selfishness. Selfishness is a short-cut to ruin yourself in the group. Consider other party's situation carefully and do not do any harmful action. In other words, do the value-driven action to others. It will be the trigger that people are gathering around you.If doing continuously the good and beneficial action to others, many people follow you naturally. That might be a bridge to lead you to the success.

Tomorrow is coming

Tomorrow is surely coming, but in someday it will not come again in the life. Time is limited and all humans will meet death in someday. Any human cannot avoid the death. Benjamin Franklin said that "time is money". It means that wasting time is losing money. However, we easily waste time without any deep thought. We should now decide to do some valuable thing. We do not have to delay it later. 'Later' might not be coming again in our life. Do it right now.

Success does not need perfectionism

Do not wait until tomorrow. Do not wait until you are in the perfect moment. Perfection might not be coming in your life. Start right now if you want to accomplish something. Moving every day makes you perfect. Doing progressively every day to your destination leads you to the perfectionism. Do move forward to your destination every single day. It will make you perfect moment and lead to the goal you want.

Success is not event

Success is not event. It is coming from every single day's effort and discipline. Everybody dreams success, but everybody is not doing for successful thing. If hoping to accomplish a dream, you should make a concrete plan and practice it every single day. Succes is coming from every single day's practice, practice, and practice. Success is the result of every single day's effort and practice. Rome was not built in one day and Lee Chang Ho's Go power was not made in one day. It was the result of consistent effort and practice. Do not forget the successful rule.

Become a builder, not a dreamer

Do not depend on the luck like Jackpot of power-ball lottery. Muscle is not made in one day. Muscle has been done in long time's effort. Every single day's effort is the muscle. Success is not made in one day. Even you get the winner of lottery, you can be easily lost it because of not preparation for management of it. Muscle is like the well- trained management. If you do not have the power of the well -trained management, you will lose the luck even after becoming a lottery winner. Without making any muscle in the daily life, you cannot keep the luck even you earned. Do not dream one time's Jackpot in the life, instead build the good muscle every day. It will lead you to the destination you want to go.

Fear grows silently

If you do not have any confidence for your work, fear grows silently without any notice. If you do not practice any given task, fear grows silently, and you become loser little by little. Do not accomplish your task in one day, because it is impossible for you to do it in one day. There is nothing to do any great result in one day except winning lottery. The probability of winning lottery in your life might be nothing. Do not lean and depend on yourself in nothing. Do action your task every single day little by little. It will reach out you to the final dream.

Consistency

Show up every single day. Do it every single day. It becomes your habit and leads to the success. Consistency makes you lead to the goal you want. Luck, background, talent and others do not make you success. Every single day's effort makes you success. Do it now, not tomorrow. Do it every day and make build it routine. That will be your habit for the consistency.

Create daily habit

Accumulation of small wins leads to the final victory. In other words, final victory is not made in one time. How can good body builder's shape be made in one day. It is the result of long- term exercise habit. So, creating daily habit continuously every single day is a key point to reach the final victory and success.

Visualize success

Make mental image going forward for success and make each level pictures for future dream. Concreate your vision what to do and what to become in the future. Avoid vague gesture. After visualizing success, do go for it step by step. Every day's small wins make future big wins. There is nothing accomplished in one day. Through the big vision and efforts, you can confirm your dream and make it real.

Do not negotiate with yourself

Negotiation with yourself makes you lazy and delays your tasks. It hinders your accomplishment and effort. Love the temporary discomfort, and it will lead you to the successful life. Without endurance of temporary discomfort, you cannot accomplish what you want. Push yourself to your goal every single day, and it will lead you to the successful life.

Do not excuse yourself

Do not give any excuse for you. Do not explain your failure. Just do adjust the wrong doings and go forward. It can be the normal habit if doing continually any excuse. Just receive any bad result and enhance the situation. It can make you the better one and more perfect one.

Unmotivated

There are lots of people lacking in an appropriate motivation for the life. The distinction of these people is not having any concreate destination. People not having a clear purpose for the life tend to go any place without any deep concentration. If you drive your car without any destination, you may be idle and get involved in the accident. Driving without any destination can cause the unexpected accident and bring a bad moment. Being motivated and having the concreate destination of the life can be short-cut of reaching out to the successful life. The person having the firm target of the life can get the prospective outcome. Plan your long-term motivated valuable goal. It will lead you to the destination you dream.

Honesty is power

Lies are comfortable for you for a moment, but they destroy yourself. Honesty is the real power to get to the destination you dream. Being honest makes you uncomfortable sometimes, but it will lead you to the successful point. Honesty is number one attribute for the success. Getting to the success will take long time, but honesty takes a role to arrive the point you dream. It will never fail. It is a bridge to connect you to the success.

Challenge to the hardest

Challenge to the hardest thing and solve it. You will learn from it and can have the power to endure the hardship. That improves your strength and raise the competence. Discipline does not come from the comfort and easy thing. It comes from overcoming the hardest thing. You will be strong through overcoming the hardship. Challenge to the hardest for the strongest.

Do not explain about action. Just do action

Do not explain about the action. It is necessary simply doing action. Planning future is essential, but it is different from explaining about action. For example, I have a plan running in the park tomorrow. However, it might be delayed or might not be activated. Without explaining action, just do running tomorrow. It is enough one.

Show the result numbers

Result is not coming from thinking. Result is coming from doing. Do not explain the process. Just do it and show only the numbers you accomplished. Manager does not want about the explanation of what you are doing. Show the evidence of your accomplishment. Manager wants to see the result, not the middle process.

Work with purpose

Sometimes we do not know what to do. It is just the problem not to know about it. If you do not know where to go, it will delay your task. Do plan any work with purpose and go there without hesitation. It is effective method bringing the good result.

Control negative talks

Avoid negative talks and do positive talks. Words have a power leading its spoken ways. If talking in negative way, there might be negative result. If talking in positive way, there might be positive result. Words have such a power leading the way you are talking. So, avoid negative talks. If saying negatively, people will avoid you and you might be alone in the group. It is a fast way to ruin yourself backbiting someone. It is usually coming from jealousy, and it is a proof you are inferior and less valuable. Just quit doing it now and improve yourself with the constructive ways. Constructive habit makes you more sound person and do gathering many people around you. Being alone in the group is your responsibility. Good connection with good people is a key point to accomplish the success.

Maximize productivity and minimize risk

Do accountability every day. It will make every day's accomplishment, and it will reach out you to your last goal. Every day's wins make last day's wins. Today's good result brings the accumulation of successful result. So, focus on today's accountability. Accountability means working sincerely and honestly for your job. Through these kinds of activity, you can maximize the productivity. Alternatively minimize risk around you. Avoid hazards or dangerous thing related in you. Confirm the risks beside you and minimize them. It will lead you to maximize productivity.

Increase resilience

Recover quickly from difficulties and overcome stress. We can face adversity and trauma in the life. Do not give up those circumstances easily, because those difficulties will be passed in our journey in someday. Get the strong mental mindset, manage stress and emotions, and increase resilience without giving up facing your life. Through overcoming difficulties, you can increase adaptability of circumstance.

Evaluate you by SWOT analysis

SWOT is a decision-making technique in the management project. SWOT is an acronym for Strengths, Weaknesses, Opportunities, and Threats. Evaluate yourself with SWOT system periodically. It will cover your weaknesses and deepen your strengths. Also, it helps find the future opportunities and threats coming to you.

폴김 Paul Kim

저자 폴김(한국명: 김학우)은 현재 세일즈, 마케팅, 리더십 전문 강연 업체인 폴김경영전략연구소 대표로 있다. 연세대 경제대학원에서 보험 금융 전공 석사 학위를 받고 미국으로 이주하여 Pacific States University에서 비즈니스 리더십에 관한 논문으로 경영학 박사 학위를 취득하였고 American West College에서 마케팅 과목을 강의하였다. 한국에서는 쌍용화재보험에서 영업소장 및 관리 차장으로 재직하였으며, 연도 대상 3회의 수상 경력이 있다. 미국 Los Angeles에서 Hyun Kim Farmers Insurance Agency를 설립하여 15년 운영하였으며 Championship(상위 0.5% 이내) 2회, Topper Club(상위 3% 이내) 5회 수상 및 기타 Commercial Century Club, Cornerstone Award 등 세일즈 부문에서 다수의 상을 수상하였다.

전략적 세일즈

초판 1쇄 2026년 3월 10일
지 은 이 김학우
펴 낸 이 반송림
편집디자인 반송림
펴 낸 곳 도서출판 지혜, 계간시전문지 애지
기획위원 반경환
주　　소 34624 대전광역시 동구 태전로 57, 2층 도서출판 지혜
전　　화 042-625-1140
팩　　스 042-627-1140
이 메 일 eji@ji-hye.com
　　　　 ejisarang@hanmail.net
애지카페 cafe.daum.net/ejiliterature

ISBN 979-11-5728-601-0   03320
값 15,000원